山东大学齐鲁医院文化建设系列丛书

丛书主编　林亚杰　李宁

齐鲁学科领航者　上

林亚杰　李宁　主编

Navigators of
Qilu Hospital's Department

山东大学出版社
·济南·

图书在版编目(CIP)数据

齐鲁学科领航者. 上/林亚杰，李宁主编.—济南：山东大学出版社，2023.5

(山东大学齐鲁医院文化建设系列丛书)

ISBN 978-7-5607-7836-5

Ⅰ. ①齐… Ⅱ. ①林… ②李… Ⅲ. ①医药卫生人员—生平事迹—山东 Ⅳ. ①K826.2

中国国家版本馆 CIP 数据核字(2023)第 078640 号

策划编辑 刘 彤
责任编辑 刘 彤
封面设计 牛 钧 王秋忆

齐鲁学科领航者(上)
QILU XUEKE LINGHANGZHE(SHANG)

出版发行 山东大学出版社
社 址 山东省济南市山大南路 20 号
邮政编码 250100
发行热线 (0531)88363008
经 销 新华书店
印 刷 济南乾丰云印刷科技有限公司
规 格 700 毫米×1000 毫米 1/16
11.25 印张 172 千字
版 次 2023 年 5 月第 1 版
印 次 2023 年 5 月第 1 次印刷
定 价 56.00 元

《齐鲁学科领航者》编委会

当好学科掌舵人，医路匠心守护生命健康

近年来，山东大学齐鲁医院坚持立足山东、面向全国、放眼世界，致力于建设国内一流、国际知名高水平研究型医院，实施“医疗立院、学科强院、人才兴院、依法治院、党建领院”五大发展战略，全面推进“三中心一试点”系统工程，即积极创建综合类国家医学中心、国家临床医学研究中心、国家区域医疗中心和国家公立医院高质量发展试点医院，努力成为国内一流的临床医学高峰、领军人才培养基地和科研成果转化高地。在2022年发布的“复旦大学中国医院专科声誉排行榜”上，急诊医学、康复医学、妇产科、血液学4个专科进入全国排名前十，另有12个专科获专科声誉十强提名，在神经复合手术、心脏介入手术、内镜治疗等多个领域都处于国内领先水平。

医院高质量发展，离不开科室建设，科室建设则离不开“带头人”领航。学科带头人、科室主任是医院发展的中流砥柱，也是学科前行的掌舵者。医院不断夯实科室的发展主体地位，从体系协同、资源配置上不断改善，以强科带动兴院，全面提升医院整体水平和竞争实力。

诊室病房，几度春秋。为了挽救患者生命，他们肩扛起医生的崇高职责，全力以赴投入每一次的病患救治中，把满腔热忱和深湛的学科领域修为，都献给了挚爱的岗位。

人文精神，使命初心。他们尊重关怀每一位病患，用真诚之心对待每一位病患，让患者和家属感到温暖和安全，架起医患相互信任的桥梁。

科学管理，砥砺前行。他们发扬“术业有专攻”的学科管理模式，有重点、分层次地建设学术梯队，为人才创造条件、搭建平台，最大限度地发挥每一位医护成员的特长。

《齐鲁学科领航者》用文字和图片对话医学大咖，见证他们心系病患、情系科室的初心使命，铺叙他们所亲历的学科发展的“蝶变”历程及所取得的辉煌成就，通过科室带头人统领全局的远见理清学科发展脉络，明晰科室未来发展的方向。

仰望星空，是追逐梦想的开始，脚踏实地，则是让梦想成真的途径。作为一名名学科的“掌舵人”，生逢其时、重任在肩，在这种仰望星空“致广大”的同时，更要脚踏实地“尽精微”。他们有目标、有方向，用坚毅的脚步打下了学科建设的基石，全力建设国内一流、国际知名的医学学科，努力光大“齐鲁医学”品牌，为医院高质量发展持续奋进着、奉献着。

山东大学齐鲁医院党委书记　陈鑫

2023 年 5 月

目录

百年风雨人生路,济世爱童世纪情

1921年5月,傅曾矩出生于安徽省桐城县的一个大家族,在北京度过了她的童年生活。受到“九一八”事变和卢沟桥事变的影响,傅曾矩随家迁到武汉,并在那里她读完了初中。16岁时她独自带着弟弟去重庆求学,尽管当时读书的条件恶劣而艰苦,但傅曾矩仍以优异的成绩完成了学业并顺利考入了湘雅医学院,开始了她近70年的医学生涯。

1947年,傅曾矩湘雅医学院毕业照

1947年，傅曾矩从湘雅医学院顺利毕业，来到南京中央医院（现为东部战区总医院）工作，在这里同后来成为我国著名眼科专家的孙桂毓结为夫妇。1949年7月，傅曾矩随孙桂毓赴英国伦敦大学小儿科研究院进修，于1951年7月以优异的成绩毕业。怀着满腔报国热情，傅曾矩和孙桂毓谢绝了英国师友的挽留，经历了28天的海上颠簸回到新中国，回到孙桂毓教授早年就读的齐鲁大学医学院（现山东大学齐鲁医学院）任教。

傅曾矩教授与孙桂毓教授合影

从1954年起，傅曾矩开始任齐鲁大学医学院附属医院小儿科主任。在长期的临床实践中，她积累了丰富的临床经验，获得了很高的学术威望。

傅曾矩强调医护间的协作，确立了病房无陪人制度，提高了医疗质量。

在防治白喉、肝吸虫病人的治疗、细胞碱性磷酸酶的测定以及小儿麻疹肺炎、腺病毒肺炎、小儿血液病的治疗和研究中都取得了很大的成绩。

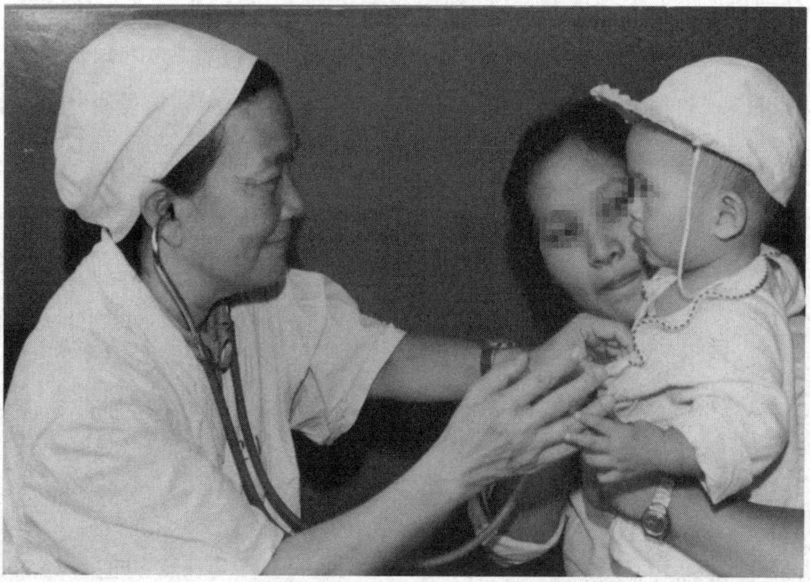

20 世纪 80 年代，傅曾矩教授工作照

傅曾矩对换血治疗新生儿溶血症、营养性贫血的调查与研究、多动症、学龄儿童末梢血红蛋白电泳的观察研究、胎儿骨髓象的研究等，做了大量工作，完成国家水平的科研项目 5 项。

她主编或参与编写了《儿科学》《新生儿症状鉴别诊断》《最新儿科诊疗手册》《儿科讲座》《儿科护理学》《儿科常见肿瘤病》等 7 部著作，发表学术论文 30 多篇，1986 年获科普写作奖。她的有关小儿再生障碍性贫血及遗传性球形红细胞增多症的论文被收入《中华儿科专家论文集》。

傅增矩教授一直重视教学和人才培养工作。她率先提出并实践双语教学查房，利用业余时间帮助中青年医师补习外语。她的演讲能力出众，教学水平高，多次被评为优秀授课老师。她的英语水平更是令人羡慕不已，曾多次代表中国儿科界去国际学术论坛上做学术讲座。

1982 年 5 月，傅曾矩受中华医学会派遣参加在日本召开的第 85 届国际儿科学会，宣讲了论文《特发性肺含铁血黄素沉着症》，得到与会者高度赞扬。此论文刊登于日本儿科杂志，同时获纪念奖。

自1980年加入中国共产党，傅曾矩便树立了“永远跟党走”的政治信念。她与党同龄、与党同心、与党同行，用毕生的精力践行着“为人民服务，向党和国家报恩”的理念，体现了一名优秀医务工作者热爱党、热爱祖国、热爱人民的高尚情操。

1988年，傅曾矩参加第七届全国人民代表大会

傅曾矩还是著名的社会活动家，曾先后担任四届全国人大代表，长期担任山东省红十字会副会长和山东省妇联常委，荣获山东省“三八红旗手”“省先进儿童少年工作者”等荣誉称号，并享受国务院颁发的政府特殊津贴，享有崇高的政治荣誉和社会地位。

1991年退休后，傅曾矩仍继续从事临床工作，造福于广大儿童，把所积累的知识和经验传授给年轻人，直到90多岁膝关节受伤才停止了临床工作。从风华正茂，到两鬓霜雪，傅曾矩从医执教70余载，她将自己火热的心和美好的芳华献给了儿科医学的发展。鉴于傅曾矩在儿科学界的影响力，中华医学会儿科学分会于2018年授予她终身成就奖，山东大学聘请她为终身教授。

1990年研究生答辩结束，傅曾矩与学生合影

2011年教师节，傅曾矩的研究生孙若鹏和鞠秀丽到家中看望她

自1978年起，傅曾矩教授带教硕士研究生共9人。傅老教书育人，言传身教，爱生如子，直到去世前一周还在关心学生的工作和生活，叮嘱大家做好新冠病毒感染的防范。在多年的耳濡目染中，学生们深切地感受到了老师的治学严谨和学识渊博，学习到了老师精湛技术和精益求精服务于广大儿童患者的高尚医德情操，在所从事的专业领域中努力学习，刻苦钻研，逐渐成为国内、省内知名的儿科专家。

（作者：鞠秀丽　孙若鹏）

时时做学生，事事成先生

“新竹高于旧竹枝，全凭老干为扶持。明年再有新生者，十丈龙孙绕凤池。”今天，新一代的神经内科医学生仍有机会得到91岁高龄的山东省神经内科创始人的亲传抑或感召。查阅山东大学齐鲁医学院图书馆里那些泛黄的医学著作，看看书的最后一页，借读卡里填满了“李大年”这个名字。

李大年教授参加神经病理学习班

李学员那年 52 岁　建成山东首家神经病理实验室

丰年始自春。1980 年,川流不息的上海火车站出站口,全国各大医院的青年才俊陆续走出,扛着被褥,亦背负着梦想。刚刚成立的上海第一医学院神经病学研究所邀请美籍华人卢德泉教授来华,举办第一届全国神经病理进修班。我国的神经病理学专业学术组织,五年之后才成立起来。彼时,神经病理之于很多省份的神经内科学,尚属空白领域。

正因如此,简陋得不能再简陋的学生寝室里,光板床铺上铺满了各色自带被褥。角落里,一位看上去年纪大点的学员正在翻看学习笔记。

这位学员就是李大年,时年 52 岁。

比起年轻的同学,李大年对这里的环境熟悉很多。27 年前,从华西大学医学院毕业后，他正是在这里师从张汝昌教授，参加高级师资班专修神经精神病学。

结业后，李大年被分配到山东医学院。时任医学院院长方春望教授亲自安排他到山东省立二院（现山东大学齐鲁医院）内科工作，并开设了神经系统疾病的专科门诊。次年，医院建成了山东省第一个神经科。

这次学成归来，李大年开始筹建神经病理实验室，以便能够进行神经病理及肌肉病理的研究工作。说是筹建，可没有病理设备、没有解剖标本、没有试剂、没有技术员、没有资金……筹建从何谈起？

李大年和同事们把有限的研究经费攒起来买了一台显微镜，“神经病理实验室”终于有了第一台设备；标本来得也不容易，每例尸检，李大年都要亲自指导切脑，所做切片标本他都要亲自做镜下检查并写出详细报告。

柳暗花明，往往在山重水复之后，而且来得顺理成章。

门诊中的李大年教授

当时，相关领导偶然间了解到李大年的这份执着，很是感慨。不久，实验室争取到了省财政厅一笔专项经费。那些日子里，李大年几乎把所有业余时间都投入到了神经病理研究工作中。在他和同事们的努力下，1985 年，山东省首家神经病理实验室正式建成。

然后，筚路蓝缕，玉汝于成……

几年后的一天夜里，李大年掸了掸显微镜上绒布的灰尘，鼻子一酸——20 世纪 80 年代末，由于争取尸检异常困难，加之受到经济大潮的冲击，实验室几乎处于停滞状态。

耗下去不是办法！李大年猛地掀开绒布——需要做点什么，改变这困境。他派吴金玲、张松到福建医学院和 301 医院学习肌肉病理的取材、染色和读片。

后来，李大年的研究生焉传祝、刘淑萍等也先后加入肌肉病理研究团队。

再后来，医院神经病理实验室走在了全国前列。

过尽千帆，李大年只有一句话："艰难自知，不足为外人道。"

2013 年，李大年教授获得山东大学齐鲁医院"终身奉献奖"

李老师讲出艺术　课堂之外身教更胜过言传

“桃李不言，下自成蹊。”山东省众多神经内科知名专家都出自李大年门下。

大多数情况下，在李大年每堂课讲完最后一句话时，不早不晚，下课铃声会正好响起。“听课的学生都知道，我会花费大量的时间在备课上。不管是病例讨论还是小讲课，我都认真准备每一节课。”

“讲课是门艺术。”教师李大年的课有漂亮的开场——“我很注意授课的开场白，一定要在开始的几分钟，把听者的注意力抓住。”

他的课有精彩的“互动”和“包袱”——“对于易懂的地方要放手交给学生讲，给他们机会锻炼，如果有难懂的知识点，要先用通俗易懂的语言把这个难点解开，然后讲解给大家。”

他的课还有恰如其分的“客串”——“我经常会邀请患者和我一起到教室去。在征求患者同意的前提下，带学生一起做一些检查。通过这种授课形式，可以开阔学生的视野，提高他们的实践能力。”

山东大学齐鲁医院神经内科主任焉传祝一度很不解：为什么每次请教问题，老师总是能推荐一些专业杂志的文章，甚至连期刊具体的卷期也能准确告知。直到去过李大年的书房，秘密终于揭开——

李大年阅读文献时会把做的笔记抄录到卡片上，卡片按照疾病英文名称的字母顺序排列，查找十分方便。日积月累，卡片已经装满了好多个盒子。

最让焉传祝感动的是，耄耋之年的老师对他说：“你们都太忙了，我现在比较闲，如果有需要找一些文献，我可以帮你们查。尽管我现在不在临床一线工作了，但我仍喜欢在网上浏览有关神经系统疾病的研究进展。”

山东省立医院神经内科主任杜怡峰至今记得，在医院一次重症监护病房的会诊中，一位青年女性患急性脑梗死入院，几乎做了所有的检查均未找到梗死的原因。李教授仔细询问病史并给患者进行细致的检查后表示，在患者的心前区闻心脏杂音，建议经食道心脏B超检查是否为“卵圆孔未闭”。

后来证实，李教授的判断准确无误。

“他用事实教育我们：扎实的基本功，是任何先进仪器都不能比拟的。”杜怡峰回忆，在另一次医院的疑难病人的会诊中，李教授在解决了病人的诊治问题后，又对该病人的随访做了要求和安排，充分体现了一位大医严谨的治学态度和高度的责任心。

“1997年5月，我奉命组建山东大学第二医院神经科，当时可谓白手起家、困难重重，有的只是年轻人满腔的创业热情和冲天干劲，我们是在先生无私的奉献和热情的帮助下，克服了一个又一个困难，爬上了一个又一个台阶。”山东大学第二医院副院长毕建忠说，“先生当时年近七旬，但仍坚持每周查房、讲课，每有危重疑难病例随叫随到，对后生晚辈真正做到了传帮带。”

李医生有“三学”　他这么说的也是这么做的

曾有一位肌肉消瘦无力的患者做过肌肉活检，最终病理报告为选择性Ⅱ肌纤维萎缩，为非特异性的肌肉病理。10年后这位病人因病情加重、行走困难，找到了李大年。

仔细察看后，李大年没有立刻给出处理意见，而是让病人下午再来。原来，趁午休的时间，他要再看一下10年前的肌活检病理切片。结果，他在切片的边缘看到了一个被其他医生忽略掉的典型血管炎改变。结合患者感觉性共济失调的临床表现，他判断为血管炎所致的周围神经病。最后，经全面血清学检查，证实为红斑狼疮导致的系统性血管炎性周围神经病。

李大年看病总是特别“慢”：一来李大年看的多是些疑难杂症，病情比较棘手；二来他每次都要仔细地询问病人的具体情况，细致地为病人做检查。“病人来看病不容易，尤其是神经内科的病人，很多自身活动不太方便。既然给病人看病，就要对病人负责，即使花的时间再长，也要把病看明白。”因此，每次李大年看专家门诊都不能按时下班。

“如果我今天看一位患者心里没底，做不到胸有成竹，那我会请他明天再来。因为有些疾病当时暴露得不够完整，或者是否还有别的因素，我会在当天把这些问题解决好。第二天患者也不用挂号，直接来找我。”他说，“我接收的很多门诊患者，因此处理而治愈的概率增大。正是因为‘凡事认真’，所以挽救回来的危重症患者还是挺多的；也正是因为对患者认真负责，医患关系也比较融洽。”

曾经有一位病人看过李大年的门诊之后，又跑到北京协和医院就诊，接诊医生一看病人的病例，干脆地说：“你之前不是找李教授看过了？那还有必要来我们这看吗？要是连李教授都看不好的话，恐怕我们也没什么办法了。”

其实，年轻的时候，李大年就是个善学的大夫。有一次，他遇到了一位被送进重症监护室的患者，当时病人家属已经准备后事。原来，患者之前病发的时候，主管大夫会给他注射一种药物，一注射症状就消除。这种药物用的次数多了对身体副作用很大，而他的主管大夫却认为这种药物疗效迅速，一再加大剂量注射。

后来，李大年接手了这位患者。“其实，这个病就是‘重症肌无力’，普通的葡萄糖酸钙就可以治，国内有专家发表过这方面的治疗经验。我照此给这位患者用药后，他恢复得很快。出院后在路上遇到我，他老远就冲我打招呼。所以，你不认真去了解更多的疾病，不能轻易下手给患者治病。”

“遇到问题，你需要时间去认真想办法，多看点书，国内外的专业书籍与文献都可以看。视野开阔后，一旦发现某位患者的病症你曾在书里见过，那这种情况就很容易诊断了。同时也要多创新出更有利于患者的新方法，只要对患者好，有利于患者的事情，就要想办法去做。”李大年说。

2013 年初，85 岁的李大年被授予山东大学齐鲁医院“终生教授”荣誉称号。也许，山东大学齐鲁医学院图书馆那本英文版的《临床神经学》（*Clinical Neurology*）早就预示了这一天。在这本书的最后，早已泛黄的借读卡上填满了“李大年”这个名字。

高山仰止，景行行止。虽不能至，然心向往之。

“当个普通医生容易，要想成为专家则很难。”李大年经常这样对学生说，“想发财就别去当医生。作为医生，向老师学习、从书本中学习、从误诊误治的失败中学习，这是医生终身不变的学习模式。”

（本文写于 2019 年，作者：王闯）

血液科张茂宏

学无止境，做一个不掉队的卫生兵

张茂宏，1929年生，山东大学齐鲁医院终身教授、博士生导师。1947年考入齐鲁大学医学院（现山东大学齐鲁医学院），毕业后留院工作至今。张茂宏教授曾任山东医科大学（现山东大学齐鲁医学院）研究生部主任、血液学研究室主任，附属医院（现山东大学齐鲁医院）内科、肿瘤中心和血液科主任，山东省血液病重点实验室主任，并担任中华医学会血液学分会常委和贫血学组组长等多项职务，是首批“山东省科技拔尖人才”之一，享受政府津贴。

张茂宏教授从开始接触医学至今已72年，是山东省大内科领域的第一位博士生导师，也是国内最早开展对血细胞的荧光改变、扫描电子显微镜下血细胞的三维图像与表面微结构以及核素影像等研究的学者，还是国内最早结合分子遗传学等对白血病、再生障碍性贫血等难治性血液病的发病机制、诊断和治疗措施进行研究的人之一。他蜚声中国血液学界，获得过部委级一、二、三等成果奖共计15项，主编及参编专著18部，发表论文百余篇，现仍在临床一线发挥余热。2017年6月被山东省医师协会授予了“医师楷模”荣誉称号。

1952年，山东省各高校学生代表大会部分代表在实验室合影（右二为张茂宏）

寒窗苦读　立志学医

问:张老师,请问您的求学经历是怎样的?

答:我的故乡是江苏省宿迁市。6 岁时上小学,当时教室十分简陋,既无电灯也无火炉,但这些都不影响我对学习的热爱,从小学开始我就事事争第一,或许这与家庭贫困反而激人好强有关。1940 年,我顺利考入宿迁县立初级中学,那时宿迁城已经沦陷,接受的是日本人的奴化教育,但大家内心都是抵制学日语的。初中三年,我患过两次重病,好在学习成绩还是很优异。1943 年,父亲和哥哥们支持我继续考高中,没辜负他们的希望,我考入了徐州最好的高中。这三年里,埋头读书考大学。1945 年8 月 15 日,日本人投降后,又经历了解放战争,学习也受到了一些影响,所幸最终考入了齐鲁大学医学院,这是值得庆幸的。

问:您为什么决定学医呢?

答:这个问题的答案我常常对我的子女、学生和记者们讲,我总结了几个因素。第一,家贫多病是我儿童和少年时期的情况,疾病不仅让我肢体痛苦,而且心理上也难以忍受,所以我觉得健康就是幸福,健康就能做百事。我日夜企盼着医生能尽快治好我的病,盼医生就是盼生命、盼健康啊!第二,小时候重病,西医用磺胺药使我康复,再加上儿时受到房东钱老中医治病救人的影响,也看到了城内两位西医医生受人尊重和爱戴的场景,这些都使我萌生了学医的想法。第三,高中毕业考大学,我想报考两门专业:一是医,二是工。这都是“铁饭碗”,不求人、受人尊重的职业。家人都同意了我的看法。最后,受中学同学和老乡韩德坦的影响,学工考了上海交大,因英语太差,草榜有名,正榜落第,后学医考了齐鲁大学医学院,幸被录取,从而走上了从医之路。

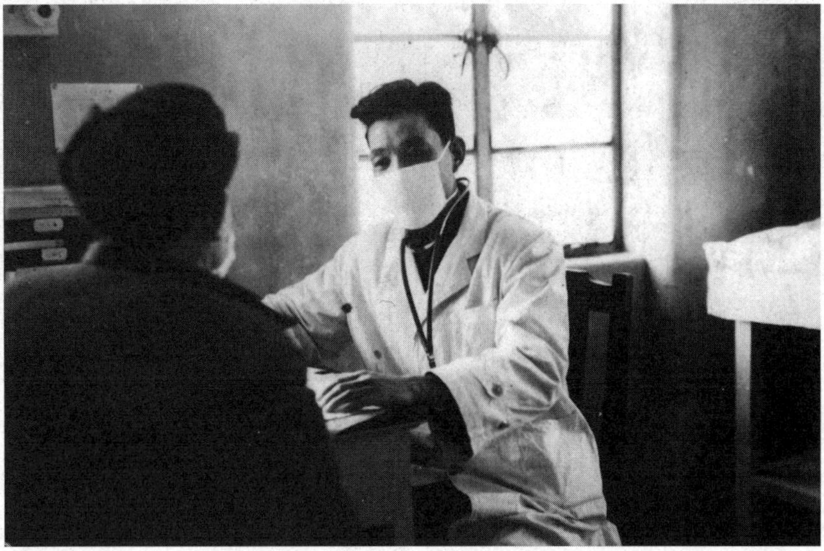

1959 年，张茂宏在内科门诊看病

穿越“火线”读大学

问：当时您对齐鲁大学的印象是什么样的？

答：1946 年日本投降后，齐鲁大学从成都回迁，我们入学时学校已经整修一新。当时的校园真的太大太美了！学校占地近千亩，像一座大花园，周围无墙，道路横平竖直。每条路旁都长着参天大树，因此便以树名为路名，如杏林路、长柏路、柳荫路等。路边还有成片的花卉，如迎春花、玫瑰花、梅花、桂花和从国外引进的奇花异草等。在这个大花园内矗立着中西合璧的化学楼、物理楼、神学楼、图书馆，东西相对，南北是办公楼和康穆堂。造型独特的建筑还有天文台和供水塔。偌大而又美的校园里只有 400 名学生，所以显得非常幽静。

问：张老师，您在学医期间，什么事让您印象最深刻？

答：1948 年济南战役，学校为了师生的安全，决定搬走，我们医学预科随着文理学院迁往杭州。家境富裕的人都选择乘飞机,我和两位同学无力交纳昂贵的路费,为了不影响学业,决定冒生命危险,由济南穿过封锁线至解放区,一路半走路半坐马车至济宁,然后乘船穿过微山湖至滕县下船,又穿过第二道封锁线才到达目的地杭州,见到了亲爱的老师和同学。我现在回忆起来,还记得穿越"火线"时真的很害怕,飞机的轰鸣声由远及近、由近及远,我们大气都不敢喘,太熬人了!

问:大学毕业后,您被分配到齐鲁医院,刚走上工作岗位,您有什么特别的体会吗?

答:1954 年毕业,分配到医院,那时候还叫"山东省立第二医院"。在任院医师期间,急症室是我们这一代青年医生最愿意值班的地方。这里不仅是展现医德医风的地方,而且也是考验自己医技的场所,是锻炼年轻医生德、才、智的最好的地方。我最愿意参加的是疑难杂病例讨论会,在会上专心聆听老师们根据病例资料从不同角度进行分析和讨论,真感觉像"八仙过海,各显神通"一样,不仅让我们深受启发,而且也认识到了自己在该病例诊疗上的不足之处,无形中提高了我们诊疗疑难患者的水平。

问:20 世纪 50 年代医院内科是什么样的呢?

答:那时候,内科仅有 1 位教授(兼主任)和 1 位副教授、3 位主治医师、1 位住院总医师,其余是第三、第二和第一年的住院医师 6 人,全科共 11 人,分担着内科 3 个病房和门诊工作。大家在一起时非常和谐,将主治医师均视为老师,将高一届的住院医师均视为师兄和师姐,对他们非常尊重和服从,几乎没有矛盾和"踢脚后跟"的现象。在医疗工作中,大家同心同德诊治患者。省卫生厅领导来检查工作时曾说:"你们逐级服从如此严格,真是和部队一样。"实际上,这是齐鲁医院的传统,而且都是自愿形成的。

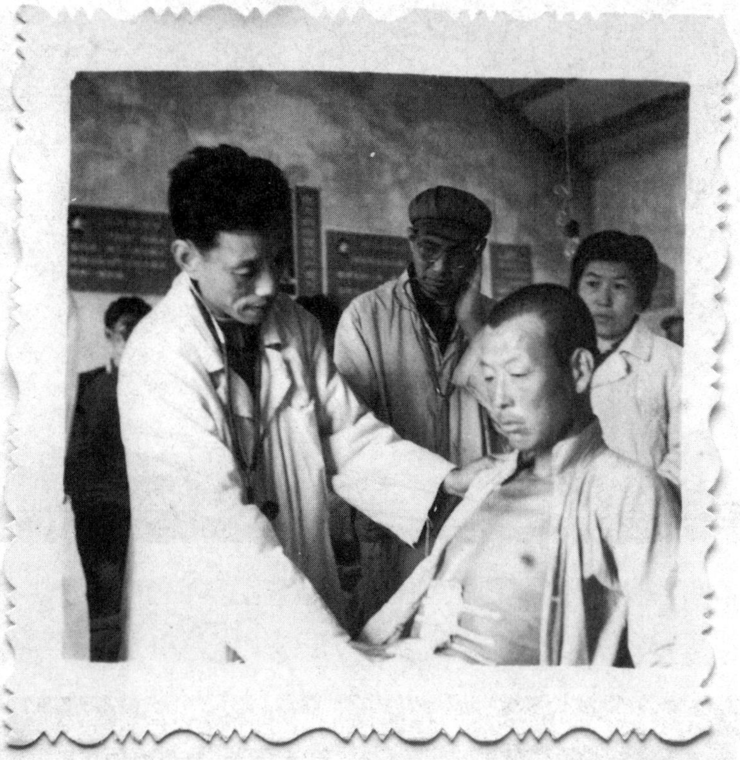

1961 年，张茂宏在医学医疗队下乡时留影

问：您是如何做到“以病房为家”的呢？

答：在我实习的时候，高学勤老师曾告诉我们，他在贵阳工作时，作为住院医师在自由时间就去理发，突然通知他回院参加抢救，他在头发剪了一半的情况下立即赶到急症室帮助救治患者。我们的上级医师都是如此，以病房为家，我们有什么理由不这样呢？严格的早晚查房，24 小时负责制的传统，深入了解患者的病情和心理变化，一定要结合病情读书等，是我一直坚持的原则，久而久之，就变成习惯了。同时，以病房为家还需要与患者及其亲属密切接触和交流，医者应具有“仁心”，再用自己的“仁术”为患者服务，医德医风缺一不可。

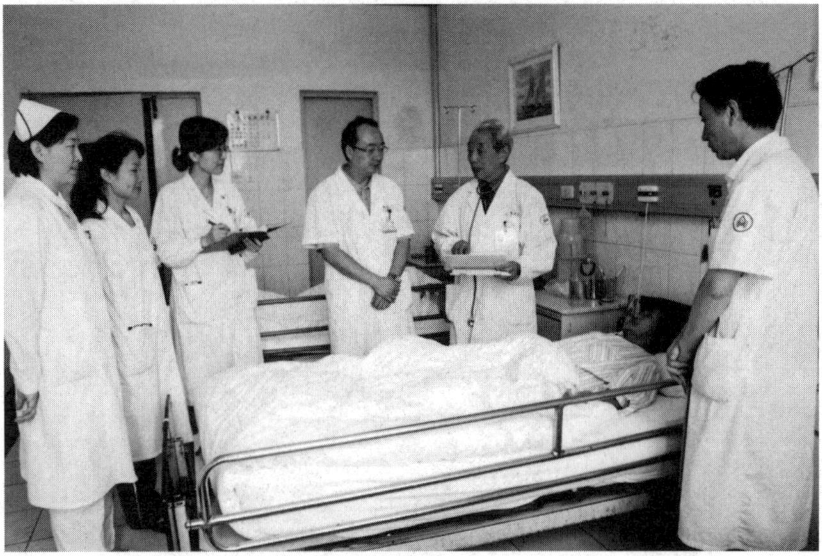

2002 年，张茂宏带队查房

2002 年，张茂宏主持罕见病例以及最新文献的讲解与讨论

学无止境　潜心钻研

问:张老师,您是如何一步步做科研工作的,有什么积累的经验给后辈分享吗?

答:1956年,我去济宁的山东省丝虫病防治所帮忙工作1年,我才对科研产生了兴趣,这也为我奠定了搞科研工作的基础。临行前,我从学校图书馆选择了40多本相关的国外杂志,装了满满一大箱,这样就可以边学边干。研究成果后来发表在《中华医学杂志》上,至今在有关专著上仍被作为参考文献引用。可以说,1977年到2000年的23年是我的“多产期”,我在血液学的医教研临床工作中积累经验。

谈到经验,我先举个小例子。1964年,我当时负责高干病房的诊疗工作,一个老革命为过敏性体质,因发热在家服了一片金霉素,结果发生了过敏反应,出现了哮喘、皮疹等症状,于是急忙来医院,检查时发现其血细胞中嗜酸性粒细胞超过50×109L。除常规治疗外,我受此启发想写一篇类白血病反应的论文,于是检查了近3年的住院患者病例进行研究。最终发表的论文不仅在当年的全国血液学会议上宣读,还被登载于1965年的《输血及血液学附刊》上。我其实想说,做好科研和写论文需要把握住“机遇”,就是多用心、多思考,潜心钻研,不要错过那些想不到而得到的机会。

问:从医70多年,您认为作为一名医生怎样才能跟上医学的发展、疾病的变异、诊疗技术的进步呢?

答:做一个不掉队的称职医生,需要活到老,学到老。至于怎样学,我的主要经验是:在一生中不断地向三位老师学习。第一位是“启蒙老师”,指的是教过我、带过我的老师,也包括我的师兄和师姐等。老师们对待病人一视同仁,态度和蔼可亲,管病房时以病房为家,当时杨锡范老师是年轻人的榜样。这种医德医风要一代代传承下去。大家都知道“师父领进门,修行在个人”,老师们除直接传授对疾病的诊疗知识和技能外,还教会了我如何自学,以便更快地积累临床经验。第二位是“病人老师”。我还记得三年级学习人体解剖学时，赵常林老师告诉我们，他以后不再讲课，尸体就是老师，按着解剖学逐步解剖即可，我们全班同学就是这样学习了一年。工作后，向病人老师学习主要是门诊和住院病人，急诊室也是很重要的地方。把濒危的病人救治过来，同时也积累了经验。对疑难病例和死亡病例的讨论，大家要畅所欲言，找诊疗不足之处，吸取失误的教训。总之要做到“胆大、心细、果断”，如果胆大而不心细就会漏诊或误诊，心细、胆小而不果断会耽误病情。第三位是“书刊老师”，也是我的“更新型老师”。现在医学进展很快，诊断技术、新药研发也是日新月异，疾病谱也不断变化。青年医生除每年参加各种继续教育学习班外一定要多看新出版的书刊，还要多讲、多写和多想。最后，我以“学无止境，做一个永不掉队的卫生兵”作为警句，愿与青年医生共勉。

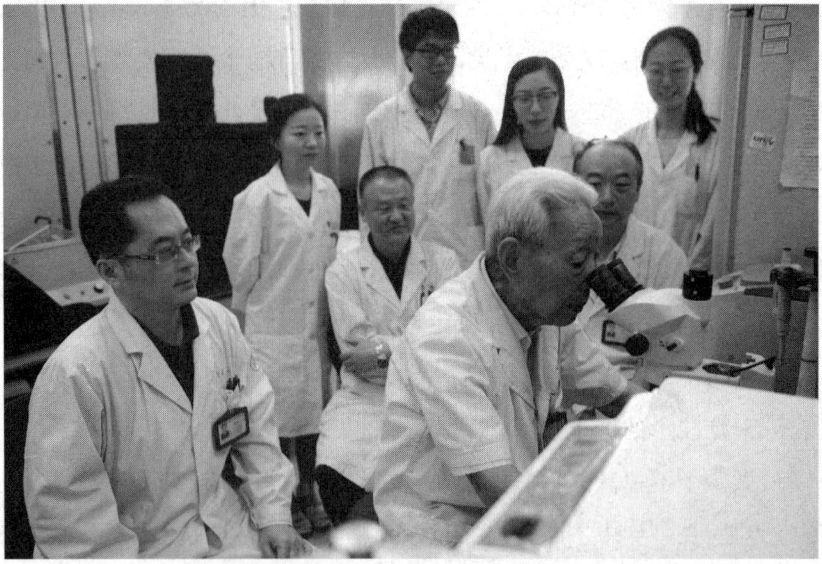

张茂宏教授在血研室做研究

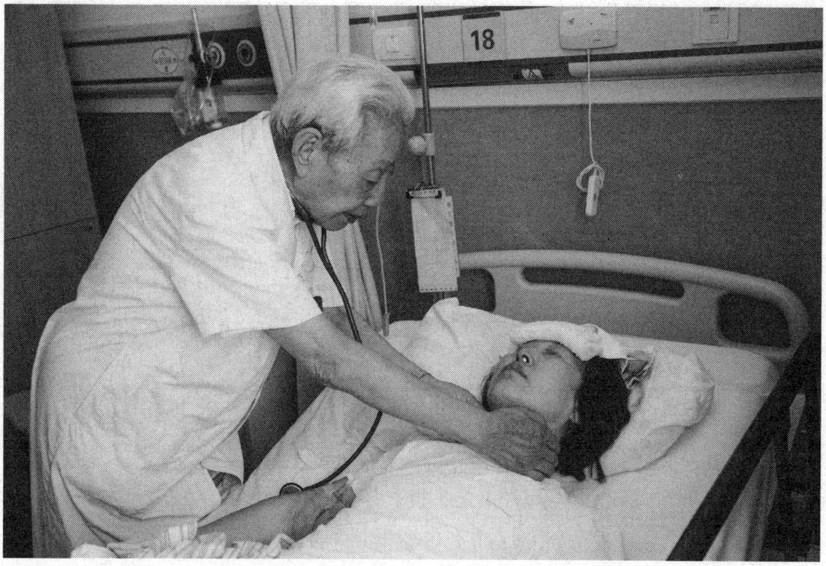

2017 年，张茂宏教授自愿发挥余热，在患者床旁为患者进行检查

晚年尽力发余热

问：张老师，您都已经鲐背之年，还依旧在一线发挥余热，什么原因让您一直坚持的呢？

答：实际上，是否愿意发挥“余热”，关键要看每个人的意愿。就我来说，看患者、讲解疑难已成为习惯，看文献也是我喜欢的学习方式，我也没有打牌、唱歌、跳舞、听音乐的兴趣，因此愿意在我的专业中发挥“余热”。我于 2005 年 12 月正式退休，当时已年满 76 岁，之后由于返聘及科内留聘而上班至今。我现在的临床工作很简单，就是周二查房和周四的疑难病例讨论，平时各组病房如有疑难问题我也可以做到随叫随到，与大家互相商讨解决问题。我喜欢结合疑难和罕见病例，查阅最新文献制成幻灯片进行进一步讲解。此外，新药评审也是我的一项工作。齐鲁医院在每周三的下午常开会讨论，审阅项目费时较长，因此在发挥“余热”的过程中这项工作是较费时间的，虽然劳累但我责无旁贷。

2017 年，张茂宏教授获评全省医师楷模

（本文写于 2019 年，采访及文字整理：李小诗）

麻醉传奇始于 1952 年

他主导创建了山东省第一个麻醉科，是山东省麻醉学方面的第一位正式教师。1980 年，他成为山东省第一个麻醉学硕士研究生导师，1988 年被评为山东省第一届专业技术拔尖人才……

他叫应诗达，在齐鲁大地的医学麻醉领域，有着太多个“第一”。在山东率先开展的麻醉新技术中，应诗达拥有 77 项。毫无疑问，他本人是传奇麻醉医师，他的一生也是麻醉医师传奇。

1953 年 9 月初，应诗达医师（图左）被分配到山东医学院附属医院
（当时名称为“山东省立第二医院”，现为山东大学齐鲁医院）外科工作

1952 年 7 月 3 日，上海，中山医院。

教导处处长陈化东教授把 6 张专业志愿表码齐，回到办公室。医院有胸外科、普外科、骨科、泌尿外科和麻醉科等专业，新分来的 6 名毕业生如果都能按照自己的选择开始从医路，那该多好啊！

普外科、泌尿外科、胸外科、骨科、骨科……第六张表上没有填专业选择——应诗达：服从组织安排。

那么，只要国立同济大学医学院毕业生应诗达确认进麻醉科，其他五人就可以按自己选择的志愿得以安排。陈化东得到的答复很简单——“只要祖国需要，学哪一个专业都可以。”

多好的开始！6个小伙子在医院里胳膊挽着胳膊、右脚微抬摆出前进的姿态，咧开的嘴里露出闪亮的牙齿——胶片记录下这一兴奋的瞬间。

13个月后，应诗达的老师吴珏教授面露难色。华东军政委员会卫生部安排上海医学院支援山东老解放区卫生建设，拟派一名麻醉专业医师前往山东医学院工作，这个人选只能是应诗达。

“如果你不愿意去，我向领导反映。”吴珏是我国麻醉学科的奠基人，他既想把眼前这棵好苗子留下，也希望应诗达像他自己当年一样，由木成林。

吴珏得到的答复很简单——“服从组织安排。”

眼神有时比话语来得更直白。那一刻，在镜片后面，吴珏仿佛看到了当年决心创建全国第一个麻醉科的自己。

调来山东后，周围的年轻同事陆续结婚生子，应诗达却仍未成家。其实，他早就有女朋友，而且是发小，只是工作太忙，他们无暇考虑结婚。

1958年，由应诗达创建的山东省第一个麻醉科的基本成员

1959年，应诗达三十而立。1月20日，上海姑娘朱子琦只身来到济南，和他登记结婚。登记当天，新郎工作还是脱不开身，新房就是单身宿舍，手术室护士们帮忙布置的。

婚礼简单朴素，朱姑娘不挑理，谁让嫁的是青梅竹马的他呢。

一周后，朱子琦返沪，向所在医院递交调丈夫到上海工作的申请。

山东医学院附属医院（现山东大学齐鲁医院）人事科副科长衣述接到来自上海的商调函后，把应诗达找来谈话——过去6年里，应诗达对医院麻醉工作贡献太多。

衣述得到的答复很简单——“服从组织安排。”

新婚燕尔的最好礼物：低温麻醉

结婚后第一年，最让应诗达兴奋的事，是两篇关于低温麻醉的论文顺利发表。

在20世纪50年代，“低温麻醉”之于国内医学界，是个陌生词，只有零星不全的苏联译作中偶有提及。后来，应诗达在《柳叶刀》杂志上看到一段低温麻醉用于心脏外科手术的报道，很是振奋。

“低温麻醉具有抗休克的功效，对临床上休克性强的复杂大手术，可能充分显示其优点，值得一试。”1956年9月，他提交了低温麻醉的前瞻性研究设计方案，两个月后，犬体表降温低温麻醉实验获得成功。同年12月，一例严重的肺脓疡，把“柳叶刀”从纸端带到指端。

刀锋开刃，哪似快刀斩乱麻。比如纸端的“降温冰槽”，去哪弄？

手术前一天下午，在手术室护士长安排下，一只庞大笨重的搪瓷浴缸搬来现场，大块冰块也已购回——准备工作就绪。

经静脉快速诱导气管内插管、手控控制呼吸、乙醚循环紧闭全麻，进入Ⅲ期3级麻醉深度后，置入4℃冰水浴缸内施行体表降温，肛温降至33℃后移出冰水浴缸，体温继续下降，最后固定在肛温26.5℃，开始手术。

术中，患者生命体征平稳，出血量显著减少。术毕在适当的体表复温下，患者体温慢慢升回至36℃后送回病房，全程用了10个多小时。最后，病人如期顺利康复出院。

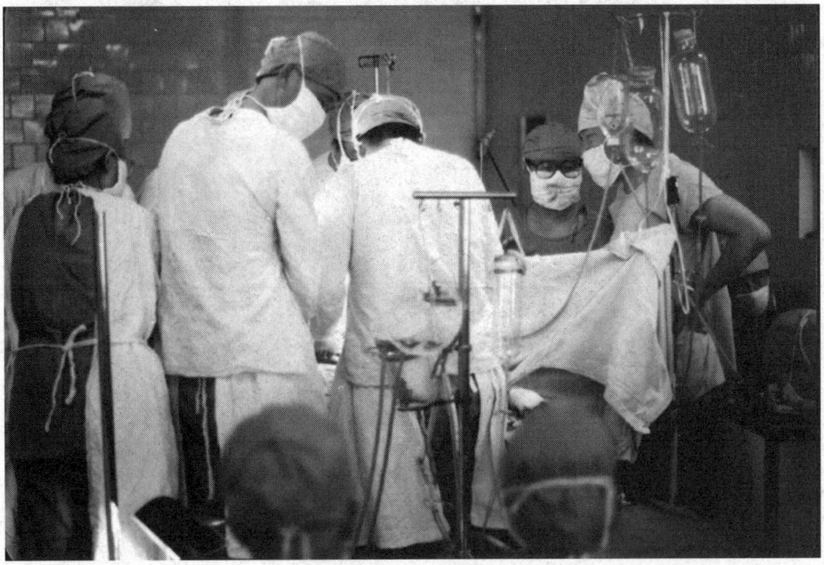

应诗达教授参与体外循环手术

应诗达与胸外科胡圣光医师合作，成功完成了山东省第一例低温麻醉手术！

此后，低温麻醉被推广到宫颈癌广泛根治术、门脉高压分流术、直肠癌根治术、房间隔心内直视手术等。到1959年，应诗达已积累了44例临床病例，两篇论文水到渠成。

事实上，在山东开展的麻醉新技术“第一例”，应诗达握有77项。

他主导创建了山东省第一个麻醉科，还是山东省麻醉学方面的第一位正式教师；1980年任山东省第一个麻醉学硕士研究生导师，1988年评为山东省第一届专业技术拔尖人才……对山东的医学麻醉而言，应诗达创造了太多个“第一”。

2004 年，应诗达在编审杂志

2016，山东大学齐鲁医院授予应诗达教授“终身奉献奖”

（本文写于 2019 年，作者：王闯　李小诗）

小儿内科孙若鹏

做儿科医生，尤其要将心比心换位思考

作为我国小儿神经专业领域的开拓者和突破者，山东大学齐鲁医院小儿内科教授孙若鹏编写了我国第一部儿童癫痫著作，对小儿癫痫的发病机理及难治性癫痫的临床治疗进行了深入研究，形成了一套独特的治疗小儿癫痫的诊疗方案，使就诊癫痫患儿的缓解率达80%以上。他本人也荣获由中华医学会批准、中华医学会儿科学分会设立和授予的儿科医师行业最高奖项——第一届“中国儿科医师成就奖”。

孙教授每天接诊近百人，对每位患儿都认真诊治，中午常常不能休息，下午无论多晚，总是坚持看完最后一个患儿才下班。不少他诊治的患儿已经痊愈，依然会来到诊室看望他，亲切地称他为“孙爷爷”。

1988 年从澳大利亚阿德莱德儿童医院公派留学回国后，我开始了对小儿癫痫的基础和临床研究，那时候没有前人的经验可以借鉴，一切都是从头开始。当时我找来齐鲁医院神经科 15 岁以下患者的全部病案，一一翻看并进行了详细的分析记录，总结经验和诊断治疗的规律。由于儿童的生理特征与成人不同，儿童癫痫与成人癫痫相比表现更加多样、易变，且有约四分之一的患儿药物治疗效果并不理想。我通过建立各种动物模型和分析大量临床病例，在神经元再生、离子通道改变、基因突变等癫痫发病机制方面做了大量创新性研究，写出了国内第一部儿童癫痫著作《儿童癫痫基础与临床》，推动了我国儿童癫痫诊治的迅速发展。

20 世纪 90 年代，孙若鹏在山东省儿科癫痫诊治中心

因为癫痫患儿需要长时间用药，药物多少都会产生副作用，所以对于癫痫患儿药物治疗，我遵循用药越简单越好，能一种药达到效果的，尽量不开第二种，一来是精准用药，选择最对病症、副作用最小的，二来也是减轻患儿家庭负担。我的患儿从邻近省份，到内蒙古、新疆等地赶来的都有。有一次看门诊，我有点感冒，想着小病不要紧，结果同事看我脸色不好，一量体温 38.5 度，才发现自己发烧了，但我想着患儿大老远过来一趟不容易，当天看不上病，就要再

等一周，儿童病情变化很快，家长多一分焦急，也多一份费用。于是我就在诊室里一边打着吊针，一边继续看诊，这样看完了当天所有患儿。

医生就是要不断学习

都知道做儿科大夫难，但在我看来，做儿科大夫很有成就感。儿科有着其特殊性，儿童处在生长发育期，各个器官和系统的发育都尚不成熟，患儿病情发展也与成人不一样，并且很多孩子不会表达自己的症状，这就使儿科医生的诊疗专业难度更大。儿童往往起病急、发展快，但是经过悉心治疗，大多能治愈，不像成人的慢性病，往往反复迁延，很难彻底治愈。所以，每当看到患儿被治愈后天真灿烂的笑容时，我就感到难以言说的安慰，心里非常满足。

30多年前我治疗了一名癫痫患儿，多年的药物治疗加之后来的开颅手术，终于康复了，已经长大成人，又生育了两个健康的下一代。患儿家住在济南近郊，到现在每逢中秋节、春节等节日，还经常带着孩子来看我，孩子亲切地喊我“孙爷爷”，每到这时，我的心里别提多高兴了。我觉得这就是儿科医生价值的体现。

2007 年的时候，临沂多发手足口病，我到当地开展救治，看到重症患儿常常咳出大量鲜血，我心里也很焦急，一连两周吃住在定点医院。手足口病属于病毒感染类疾病，重症患儿多严重损害中枢神经系统甚至导致死亡。当时没有特殊的治疗方法，也没有特效药，治疗此病最重要的就是对症处理，但是开始缺乏经验，在患儿肺出血时，采取吸痰的方法不但无效，反而加重了病情。随着从一个个病例中总结经验，渐渐地找出规律，随着呼吸机正压止血以及米力农等药物的正确使用，加之激素的合理用量，大量重症患儿获得了救治。之后我对所有病例进行了分析、研究，和同道们一起总结出手足口病分期诊断标准及治疗方法，主持制定出我国手足口病诊疗防治指南第一稿。

如今我已经退休了，每周固定看门诊、查房，依然坚持在工作岗位上，发挥余热。特别欣慰的是，我的学生们接过接力棒，很多成为学科和专业的顶梁柱。我常常告诉他们，对待病人要耐心细心，多为患者考虑，工作上要兢兢业业，学术科研要严谨，生活上也时常关心照顾他们。如今，我们的小儿神经专业已进入全国先进行列，齐鲁医院儿科也成为山东省重点学科，亚专业齐全，医疗梯队建设合理，在全国的影响力显著提高，为儿童健康事业的发展积蓄了能量。

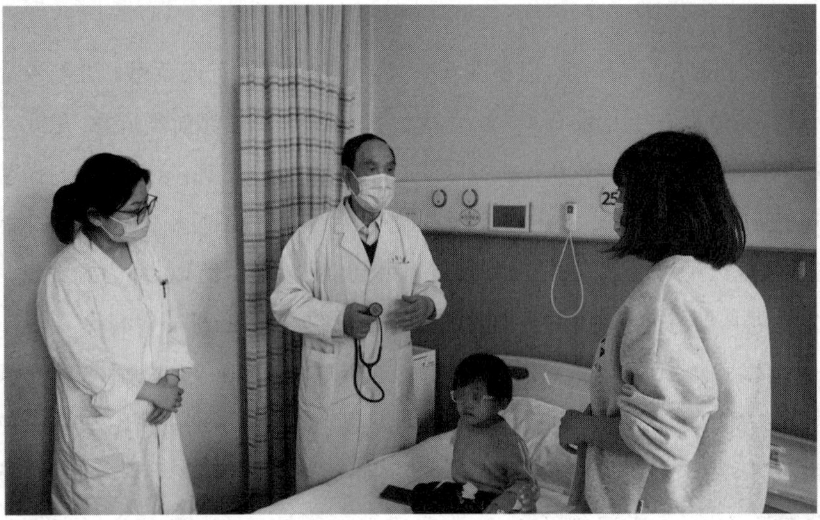

退休后，孙若鹏依然坚持看诊查房

做儿科医生这么多年，接诊了许许多多患儿，我感受最深的还是父母对孩子的爱，这种爱是无私的、没有条件的。所以，做好一名儿科医生，首先要将心比心，关爱儿童，理解家长，学会换位思考，体会患儿和家长的心情；同时要敬业爱岗，当时我的第一志愿也不是成为一名医生，上学的时候我特别喜欢数理化，但是机遇使我来到了这个岗位，我想着干一行，爱一行，就这样一直坚持到今天；还有非常重要的，做一名医生，既要有扎实的理论基础，也要有丰富的临床经验，因为病情是千变万化的，这样才能解决不同的病情。

（口述：孙若鹏，访谈人：李宁　高丹璎　周翔宇）

心内科学科带头人、中国工程院院士张运

从“医”而“衷”，不懈前行

他是我国多普勒超声心动图技术的开拓者和奠基人，在国际上首先建立了多普勒超声定量诊断瓣膜性和先天性心脏病的系列新方法。他是挪威奥斯陆大学第一位中国医学博士。他多次获得国家级科技进步奖，并在国内外学术界产生了重要的影响。他就是山东大学齐鲁医院心血管领军人物张运。

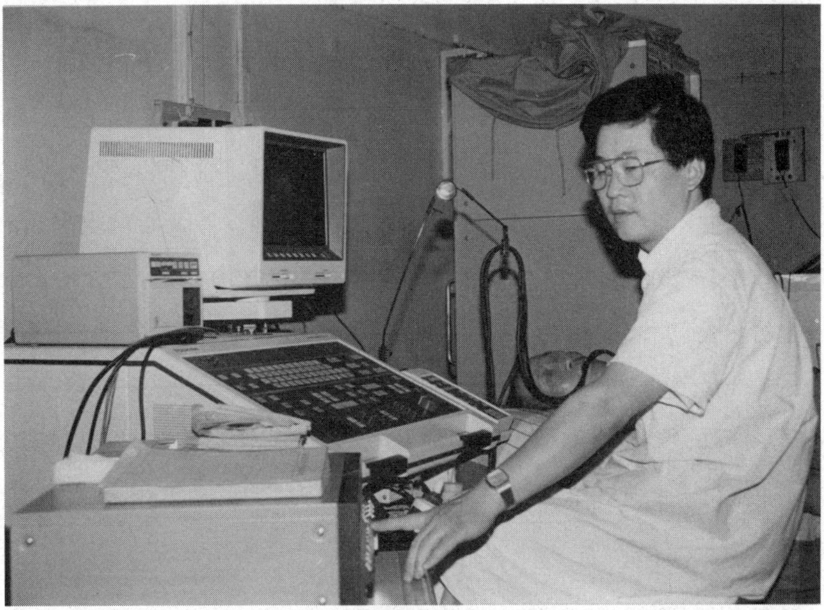

张运在为患者做检查

与医结缘:小钳工考上了医学院

1952年,张运出生在聊城的一个医生家庭,父母虽然是医生,但他却对数学、物理等功课非常热爱,自学了多门功课。

1970年,18岁的张运被分到聊城标准件厂做一名钳工,因为他的聪明好学,在厂长的推荐下,张运跟着工业局里大学生学习机械制图。一个多月后,厂领导让他回厂组建技术科,张运只好白天干活,晚上苦读,加紧补习中学数理知识。

经过一年多的努力,工厂里所有的图,张运都画得得心应手了。因为能写会画,他还兼任了厂长秘书。

后来,张远有机会到省城参加一个工人技术员培训班,老师认为他已不必再学机械制图,于是,他便开始向大学课程冲刺。两个多月时间,他学完一册《高等数学》并涉猎了流体力学、结构力学等工科课程。

因为喜欢数理化，想去工学院继续深造的张运于1973年参加了大学招生考试，然而，造化弄人，他被医学院的老师相中，被招到了医学院。张运说："虽然我父母是做医生的，但那时我根本不喜欢医学。"刚入学时，他对医生这个职业并不喜欢，直到大学二年级学习生理学时，涉及心电生理和流体力学的知识，才激发起他对人体生物电和心电图的浓厚兴趣，以及对心血管病专业的热爱。

1978年，张运以全校第二、心血管病专业第一的成绩考取了我国改革开放后的首批硕士研究生，师从著名心血管病专家高德恩教授，专攻心内科学。他孜孜不倦的学习精神，为之后的知识积累奠定了基础。

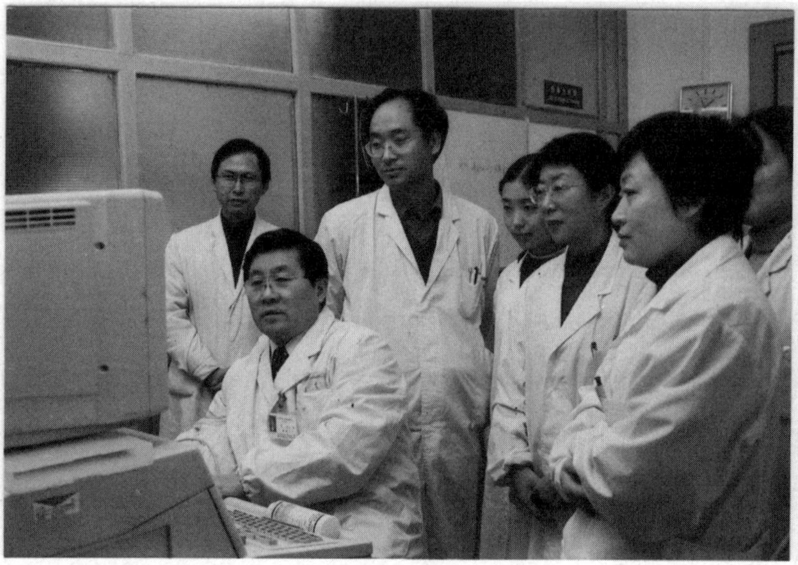

回国后，张运积极普及先进经验

国外求学：多普勒超声心动图技术的开拓者

1983 年，31 岁的张运被国家公派赴挪威留学，师从“世界多普勒女皇”利夫·哈特勒(Liv Hatle)教授，并成为获得挪威奥斯陆大学医学博士的第一个中国人。

在国外，凭借着艰辛的努力，张运发现了应用多普勒超声技术计算二尖瓣血流量的新方法，他将这个发现写成论文，投到当时欧洲学术水平最高的《英国心脏学杂志》(*the British Heart Journal*)。一个月后接到杂志社回信，结果令人吃惊，他们说乐意接受这篇文章而不需要修改，这是导师都难以想象的成果，紧接着，导师召集全科大夫听他讲课，让他讲述自己的科研思路和解决方法。

随后，张运陆续建立了如何利用多普勒超声测量心脏瓣膜的血流量、返流量、压力阶差和瓣口面积的系列新方法，发表了一系列的论文。1985 年，美国心脏协会(AHA)年会上，在全球范围内评选出 10 篇多普勒标志性论文，张运的论文便是其中之一。

作为一名医生，张运始终把挽救生命作为自己的天职。1986 年张运回国时，我国有着大量瓣膜性心脏病和先天性心脏病患者，所以他很快把多普勒超声的研究领域扩展到先天性心脏病。在那个年代，先天性心脏病患者上手术台之前，必须要做创伤性的心导管检查以明确病变的性质、位置和程度，而当时心导管技术尚不普及，设备落后，经验不足，做一次心导管检查就需要半天，每周仅能检查几个患者。大量先心病患者需要排队，有的患者甚至排好多年也做不上，从而失去手术机会，常常因为心导管检查结果出来时却发现病情已经不可逆，手术不能做了。张运回国以后，利用学到的多普勒超声技术，5 分钟就可以无创伤性地解决病人的定性、定位和定量诊断问题，从而挽救了众多患者的生命，实现了一个巨大的科技进步。

2008 年，山东省委书记姜异康为张运院士颁发山东省科学技术最高奖

未来希望：人事改革需要加强，让技术人员流动起来

10 年来，张运承担了国家"863"重大项目课题、国家"973"项目课题、国家"十一五""十二五"科技支撑计划、国家自然科学基金创新研究群体科学基金、国家自然科学基金重点项目等 30 余项国家和省部级科研课题，发表 SCI 收录论文 400 余篇，主编专著 13 部，参编专著 33 部。获国家自然科学二等奖 1 项，国家级科技进步二等奖 1 项、三等奖 3 项，何梁何利基金科学与技术进步奖 1 项、山东省科学技术最高奖 1 项、省部级自然科学和科技进步

一等奖7项，山东省十大成果奖1项，省部级科技进步二等奖25项、三等奖14项。1991年，张运被授予"山东十大杰出青年"称号。2001年，张运当选为中国工程院院士。

张运多次代表中国赴美国、欧洲、加拿大、日本、韩国等国家主持国际会议并发表讲座，在国际学术界具有重要影响。他还获得美国心脏病学院"国际交流奖"，亚太心脏协会"学术领袖奖"，国家级有突出贡献的中青年专家，国家"百千万人才工程"首批第一、二层次入选者，全国有突出贡献的回国留学人员，全国卫生系统先进工作者，中华医学会"终身成就奖"，首届中国医师奖，全国首届中青年医学科技之星等荣誉奖励20余项。

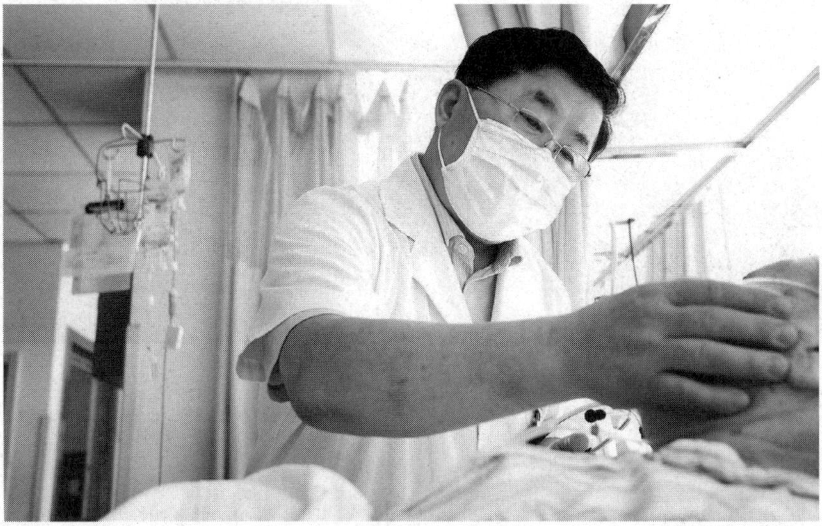

张运在查房

张运表示，中国要成为健康大国，还有很长的路要走，除了科研医疗管理上需要下功夫外，基层医院的人才投入也要跟上，特别是人事改革需要加强，让技术人员流动起来。

（文稿来源：山东大学齐鲁医院心内科）

急诊科学科带头人、院长陈玉国

打造齐鲁医学高地

作为山东大学齐鲁医院院长，陈玉国教授带领全院凝聚强科兴院磅礴伟力，助推公立医院高质量发展；作为急诊科的领军人，他带领科室完成了一场场出色的战役，建立国内首家胸痛中心，率先提出并推广"大急诊急救体系"和"急诊急救大平台"建设，引领急诊医学快速发展；作为一名教师，他非常欣赏陶行知的一句话——"教师的职务是'千教万教，教人求真'，学生的职务是'千学万学，学做真人'。"他一直以此要求自己，在不断亲身践行的同时，也将齐鲁精神薪火相传。

奋力向前，加快创建综合类国家医学中心

欲达博施济众，须行广智求真。站在新的历史起点上，医院应如何抢抓时代赋予的机遇，昂扬斗志，以奋进的姿态实现"超常规、跨越式、高质量"发

展，陈玉国教授带来齐鲁医院的思考和探索。

近年来，齐鲁医院深入实施“医疗立院、学科强院、人才兴院、依法治院、党建领院”五大发展战略，强化体系创新、技术创新、模式创新、管理创新，建立了“三中心一试点”战略发展目标体系，以创建国家医学中心、国家区域医疗中心、国家临床医学研究中心、国家公立医院高质量发展试点医院等国家级重大医学发展平台为抓手，医教研防管全面发力，致力于解决肿瘤、心脑血管病、急危重症等全局性健康问题和重大医学装置、设备、材料、药物研发的“卡脖子”“临门一脚”问题，加快创建综合类国家医学中心，努力成为国内一流的临床医学高峰、领军人才培养基地和科研成果转化高地，实现医院各项事业高质量发展。

陈玉国表示，围绕“患者至上”这条主线，齐鲁医院主动作为，为真正成为“疑难急危重症防诊治康的国家级中心”进行了有效的实践。

首先，以搭建业务能力提升平台带动疑难急危重症诊疗能力的提升。重启疑难危重病例大讨论——齐鲁求真大讨论，以学科典型病例为聚点，加强多学科交流，提升疑难危重症诊疗能力；开设常态化医疗业务知识讲座——齐鲁广智大讲堂，讲授各学科典型病例和前沿诊疗进展，提高诊疗技术水平；以疾病为中心建立多学科诊疗团队（Multidisciplinary team，MDT），多学科协作展开探讨，为患者提供最佳诊疗方案，提高疑难危重患者的救治效率；创新术后加速康复模式，减少手术应激及并发症的发生，缩短住院时间。

其次，医院以创新性的临床工作机制为牵引，积极开展疑难病、危重症的诊治，创新应用医疗新技术，在超声心动图、消化内镜、腹腔镜、胸腔镜、机器人微创手术、电磁导航系统精准诊疗和加速康复等领域，形成鲜明特色。2022年，四级手术占比达到41.47%，微创手术占比达到27.13%。近年来，医院完成世界首例HHHT（肝脏遗传性出血性毛细血管扩张症）腹腔镜肝总动脉双重结扎/缩扎术、世界首例经剑突下单孔胸腔镜治疗双侧肺病变手术、国内首例AR（增强现实）骶神经调控手术、国内首例快速磁共振负荷心肌灌注检查，国内首例术中快速分子病理诊断联合术中核磁共振指导下功能区脑胶质瘤切除术等高水平手术。力争首创极弱心脑磁、人体极弱磁等成像装置研发及临床应用、中子精准肿瘤治疗装置及计划系统应用等。

争分夺秒，做急诊的排头兵

急诊是医院抢救急危重症的一线部门，病人多、工作强度高、压力大。但是在陈玉国眼中，急诊科是一个充满挑战与机遇的地方。1998 年冬天，陈玉国勇挑重担，从齐鲁医院心血管内科来到急诊科。当时，除了科主任，急诊科没有其他固定医生，只有门诊、抢救室和留观室，可以说是“一穷二白”。陈玉国回忆说：“那时候，急诊医学在我国才刚刚起步，很长一段时间都没得到重视。与其他专业相比，急诊科甚至都没有专业医生，全依靠其他专业医生临时轮转。”

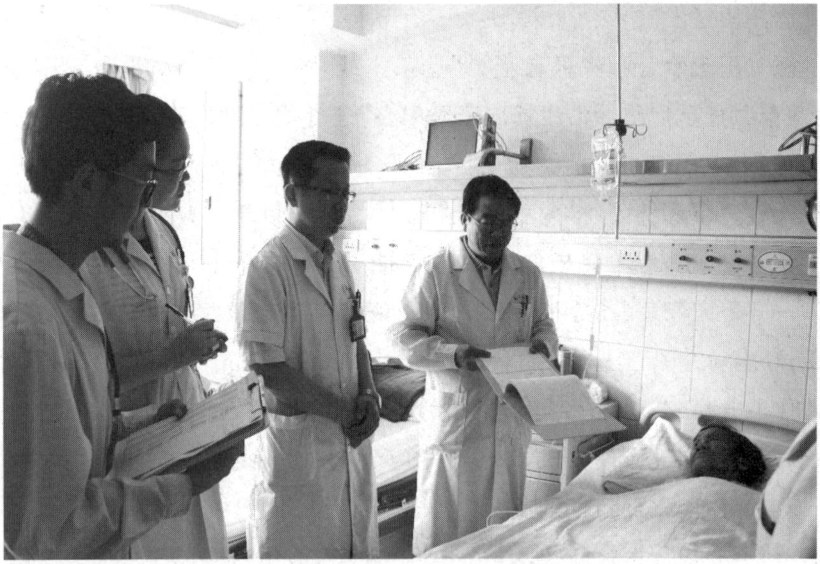

陈玉国带领团队查房

为带领学科更好地应对挑战，2002 年，急诊科率先建设了全国首家胸痛中心，联合心血管内科、心血管外科、医学影像科、检验科、超声科等多学科创新管理模式，对胸痛患者开展专项救治活动。“胸痛中心发展的 20 多年，让我们深切体会到多学科协作的重要性。”陈玉国强调，多学科协作是对医疗服务模式的优化，可以充分发挥卫生健康系统的作用。

作为山东省胸痛中心建设专家委员会主委单位，2014 年，齐鲁医院急诊科牵头成立我国首个省级胸痛中心联盟和辐射全国的急性胸痛联盟，致力于推动我国急性胸痛救治体系建设。2015 年，齐鲁医院急诊科牵头成立中国胸痛联盟，并开展“胸痛中国行”大型科普活动。陈玉国带队走进天津、河南、安徽、江苏等多地，推广“有胸痛到医院”理念，宣传胸痛临床研究公益项目，助推胸痛急诊急救在全国遍地开花。

进入 2020 年，急诊学科迈入高质量发展新阶段。作为中华医学会急诊医学分会主委单位，齐鲁医院急诊科牵头开展我国急诊急救大平台建设试点工作。学科搭建了辐射全国的体系框架，创建了涵盖急诊急救多个亚专科的急诊急救大平台，明确“早期诊断、危险分层、正确分流、科学救治”方针，进一步提高了我国急诊与院前急救能力，促进了急诊多学科合作，构建了科学、合理、高效的急诊急救体系。

陈玉国强调，“医疗服务不仅指临床诊疗，还包括促进全民健康素质的提升”。多年来，急诊科积极参与急诊急救科普宣传活动，相继创建了“心肺复苏三进工程”“救在身边——中毒急救进万家”等十余个科普品牌，并于 2021 年带领山东省医学会急诊医学分会获得“山东科普奖先进集体”的荣誉称号。

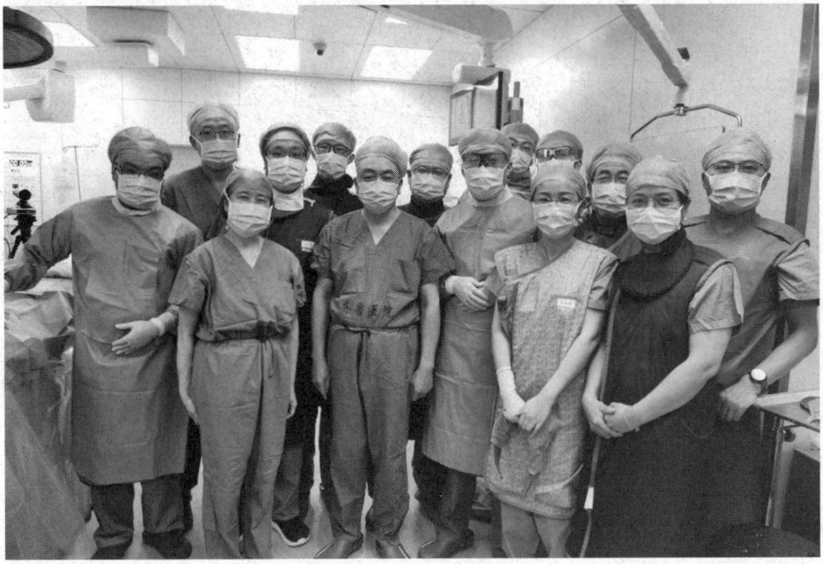

陈玉国与手术团队合影

如今,山东大学齐鲁医院急诊科已发展为集急诊、急救与重症监护三位一体的大型急救医疗中心和急诊医学科学研究中心,学科近年来在复旦大学医院管理研究所发布的“中国最佳医院及最佳专科排行榜”中均名列前茅,居山东省榜首。

春风化雨,在教学中体会快乐

2000年,齐鲁医院急诊科成功申请山东省首个急诊医学硕士点。2007年,陈玉国受聘山东大学急诊医学博士生导师,实现山东省急诊医学博士点零的突破。尽管急诊科的工作非常繁忙,但陈玉国每个月都定期召开研究生、博士生工作会,倾听学生遇到的问题,督促学生课题进展,教育学生们诚信奋进。

陈玉国获评2017年山东大学“先进教育工作者”荣誉

在学生和科室同事们眼里,陈玉国似乎永远不知疲惫,常常半夜还在打电话和学生商量某个专业问题或者是科研课题的设计、修改、实施细节。“教书育人是一件非常快乐的事情,教学生的过程也是我自己不断进步的过程,解答学生的问题就是为自己‘找不足’。”陈玉国直言,自己对学生要求非常严格，有时候会采取“高压政策”。不过，他更看重培养学生的修养、思想品德。在他看来，学生做学问要先做到做人诚实，富有团队精神才行。

陈玉国带领学生研讨

十余年时间里，陈玉国已经培养了硕士生57名、博士生48名，硕果累累，步伐铿锵，这些学生毕业后奔赴各大医院急诊岗位，填补了急诊人才的缺口。针对国家紧缺的急危重症人才，陈玉国创新培养模式，急诊科获批“科技部创新人才培养示范基地”，首创“五维一体”急危重症卓越人才培养体系，主编《急诊医学》国家规划中英文教材、全国首套智能医学工程医学系列教材、急危重症领域首个“中国卓越行动计划”高起点期刊《急危重症医学》(*Emergency and Critical Care Medicine*)，创立国家级一流专业及线上一流课程，获山东省教学成果特等奖。

潜心科研，发布《中国心脏骤停与心肺复苏报告》

作为中华医学会急诊医学分会第九届主任委员，陈玉国教授带领团队围绕“以胸痛为主的急危重心血管病、心脏骤停与复苏、脏器功能支持与保护、创新药物与智能急救设备研发”方向，开展“基础—临床—转化”全链条研究，“十三五”以来主持国家重点研发计划 4 项、国自然重点项目 1 项，以第一完成人身 48 份获教育部、中华医学会等省部级一等奖 3 项，获评科技部“抗疫先进集体”荣誉称号.通过研究，陈玉国及其团队系统揭示了 5 亿国人携带的 ALDH2rs671 基因变异在急危重心血管病中的作用和机制，首次建立以 ALDH2 为干预靶点的急危重脏器精准防治新策略；围绕急性胸痛开展 4 项前瞻性多中心大型临床研究，研发急性胸痛评估、危险分层方案，牵头制定急性胸痛急诊诊疗首部共识；建立了我国最大的全国性心脏骤停队列（超 30 万例），首创符合国情的骤停调查标准，获“国家标准”立项。

2023 年 4 月 20 日，我国首部关于心脏骤停流行病学特征及救治现状的科学报告——《中国心脏骤停与心肺复苏报告（2022 年版）》（以下简称报告）正式发布。

《中国心脏骤停与心肺复苏报告（2022 年版）》发布会现场

该报告由陈玉国、徐峰牵头，组织我国心脏骤停与心肺复苏相关领域专家，参照心脏骤停调查国际标准做法——Utstein 模式，系统梳理了既往几十年来关于我国人群心脏骤停方面数据,经过严格筛选和评估,汇总质量较高的数据信息,历时三年撰写而成。报告首次从全局视角展示了我国心脏骤停及心肺复苏领域流行病学、危险因素、病因、治疗、预防及教育培训各个方面的实际情况,充分反映了我国心脏骤停防治工作多年来做出的大量努力与取得的进步,以及未来面临的主要挑战。这也是首次对我国心脏骤停流行病学及救治情况进行系统分析,呈现了当前发展趋势,实现了心脏骤停发病与救治评估指标从局部向全国、从离散向规范的重要转变。报告还首次系统梳理分析了心脏骤停救治生存链中各个环节在我国的实施现状及阶段性成果,进一步指出了未来值得努力的主要方向,也揭示了未来更高效地开展公众复苏培训、急救资源合理布局等工作中的关键问题和可能的应对策略。

报告发布后,中央电视台《新闻联播》、中央电视台《新闻直播间》、新华社客户端、人民日报客户端、《健康报》、《大众日报》、山东电视台《山东新闻联播》、山东电视台《闪电大视野》、《中国卫生》杂志、人民网、凤凰网、《齐鲁晚报》等中央和省市重点媒体高度关注并进行全方位宣传报道。

敬畏生命,护佑患者。作为齐鲁医院的掌舵人,陈玉国与团队一起驾驶着生命之舟,为患者点燃希望之灯。

(作者:高丹璎)

肿瘤放疗科学科带头人、副院长程玉峰

做好口碑医生，护佑人民健康

作为山东大学齐鲁医院肿瘤放疗科的创始人、第一任科室主任，程玉峰在此工作了24年，全程参与并见证了肿瘤放疗科筹建、发展和不断壮大的全过程。目前，肿瘤放疗科已经拥有152名医务职工，形成了较为理想的人才梯队和学科设置，多次获得齐鲁医院“先进科室”“优秀规培基地”“先进带教科室”等荣誉称号，是连续两届山东省医学会放射肿瘤学分会的主委单位、首届山东省医师协会肿瘤放疗科医师分会的主委单位，在国内同行中具有重要的学术影响力。

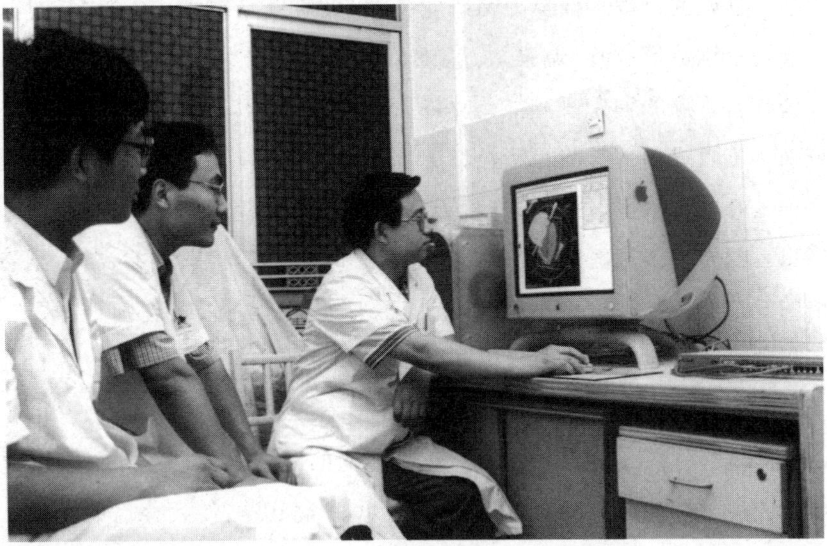

程玉峰在工作中

爱岗敬业，医术精湛

作为一名有着37年党龄的老党员，程玉峰对自己高标准、严要求，三十年如一日，做到了依法执业、文明服务，显示出高尚的医德和无私的奉献精神。他总是对同事说："做一名好医生，首先要做到以德为本、诚信待人，良好的医德，是一名医生从普通走向卓越的必由之路。"他是这样说，也是这样做的。程玉峰坚持每天早晨提前半小时到病房查看病人的情况，即便是节假日、周末或者值夜班，也从不间断。有一次，因连续多日加班加点工作，他突发心前区疼痛，却依然戴着动态心电监护仪坚守夜班工作。另一次，为了排除加速器故障，不影响病人放疗，程玉峰亲自陪同工程师维修设备。肿瘤放疗科工作用房十分紧张，他主动让出自己的主任办公室作为工作用房，使放疗计划系统得以尽早安装使用，保证患者得到及时且优质的放疗，为病人提供了最佳治疗方案，受到同事、患者和家属的称赞。

坚实的理论基础、丰富的临床经验和过硬的临床技能使程玉峰在患者中积累了良好的口碑。他努力钻研业务、积极研发新技术,在国内较早开展了肿瘤的三维适形放疗、调强放疗、螺旋断层放疗技术的临床应用、同步放化疗治疗食管癌的临床研究等,获得齐鲁医院新技术一等奖、齐鲁医院疑难危重病例抢救成功一等奖等荣誉。

程玉峰的科室里,每天都挤满了慕名而来的患者。有一次,一位外地鼻咽癌患者辗转了多家医院,最后找到了他。当时患者状态很差,考虑到患者病情的复杂性和患者家属期待的心情,医疗小组(医师、物理师、技术员、模块工程师等)加班加点,从明确诊断到治疗方案的确定,再到实施放射治疗,本来需要一周的工作,只用三天就完成了。程玉峰没有满足于已取得的成绩,他常说:“肿瘤患者治疗时间长,常在不同的医院诊治,便有了比较,也懂了鉴别,有了体会。患者和家属的认可让我非常欣慰,使我今后的工作有了压力,更有了动力。”

程玉峰与患者

微笑天使，以诚待人

程玉峰被患者亲切地称为“微笑天使”和“心理医生”，他坚持“做学问先做人”的原则，对待学问一丝不苟，对待患者和风细雨。他总是细心听取病人的介绍，耐心回答患者的问题，对年老和行动不便的患者，更是体贴入微，和患者进行平等的、心灵的沟通。关于医生对患者的作用，美国医生特鲁多有句名言：“有时是治愈，常常是帮助，总是去安慰。”医生的一个微笑、一份关怀都是对患者莫大的精神支持和鼓励。每次给患者检查，程玉峰总是先把听诊器捂热，就是这个习惯性的动作，让每一位患者感动。

在程玉峰看来，一名好大夫必须要注重病人的心理感受。在患者和家属眼中，程玉峰不仅是位好的放疗医生，还是一位好的心理医生。有一天晚上，程玉峰值班，一位患者来找他，很痛苦的样子，因为担心放疗会给自己带来副作用，这位患者焦虑得睡不着觉，别的医生解释，他根本听不进去。他躺在床上，用自己带来的手电筒模拟加速器照射方向，给程玉峰反复说明自己心中的疑惑。找到这位患者失眠的症结，程玉峰开始一点一点给他讲解，患者不明白的地方，他就在纸上画图解释。两个人讨论了半天，最后，这位患者长长舒了一口气，给他深深鞠了一躬，说：“我终于明白了，真是谢谢！”那天晚上病人睡得很香。

接受放疗的病人承受着身体的痛苦和精神上的压力，患者产生误会或者不理解时，程玉峰就耐心给他们讲解。有一次，一位不知道自己真实病情的患者，需要做精确放疗，当他看到为了明确诊断做了不少检查项目，同时要进行 CT 定位、放疗计划、摆位放疗等复杂的过程和步骤，更关键的是放疗费用高达万元时，患者非常不理解，情绪激动，拒绝放疗。程玉峰及时找到同事了解事情的经过，然后与患者促膝谈心，做了大量细致的思想工作，既不让患者知道病情又让患者比较愉快地接受了放射治疗，满足了患者家属的要求。

科研标兵，追求卓越

“一名好医生必须具备‘活到老学到老’的学习素质。”在程玉峰看来，医学知识不断更新，新技术新业务层出不穷，这要求医生不能故步自封，必须紧跟国际前沿，学习最新诊疗技术。尽管已经是“泰山学者”特聘教授、肿瘤学博士后、博士生导师，程玉峰仍然不断攀登，他先后主持承担国家自然科学基金课题4项、山东省科技厅课题8项；获得山东省科技进步二等奖1项、山东省科技进步三等奖1项、山东省高等学校优秀科研成果奖一等奖1项、山东省医学科技创新奖二等奖1项、山东省医学科技创新奖三等奖1项。以第一或通讯作者发表SCI论文117篇，多次被评为齐鲁医院“科研标兵”。参与制定了《中国胶质瘤放射治疗专家共识》等8项国家级规范。主编或参编《人工智能与肿瘤》《实用抗肿瘤药物治疗学》等10部著作。获评全国十大“口碑医生”、首届“齐鲁卫生与健康领军人才”、“山东省卫生系统服务标兵”、齐鲁医院首届“十佳医师”等荣誉称号。

此外，程玉峰联合凤麟核、吴宜灿院士团队，获批“山东省中子科学技术重点实验室”项目，并共建山东大学齐鲁医院中子医学中心，安装了具有自主知识产权的临床用中子源加速器和科研用中子源加速器，使山东大学齐鲁医院中子医学中心成为国内最早的基于中子源加速器的中子医学临床和基础研究平台之一，开展国际领先疗法硼中子俘获治疗的基础与临床研究，推动了我国高端医疗装备的临床转化和应用。

疫情防控期间，作为齐鲁医院副院长，程玉峰负责内科系统65个医疗单元的疫情防控工作，组织制定了适合于内科系统的疫情防控措施和工作流程，完成了科室主任和护士长的新冠肺炎防控知识和工作流程培训，督导检查65个医疗单元疫情防控情况，完成内科系统每天的工作日志并上报指挥部，完成了疑似新冠病例的紧急处理，紧急筹建了保健发热门诊和发热患者留观病房，组织各党支部解除援鄂医疗队员后方家属的后顾之忧，以及解决了委培学员、社会化学员的疫情防控和工作安排等问题。

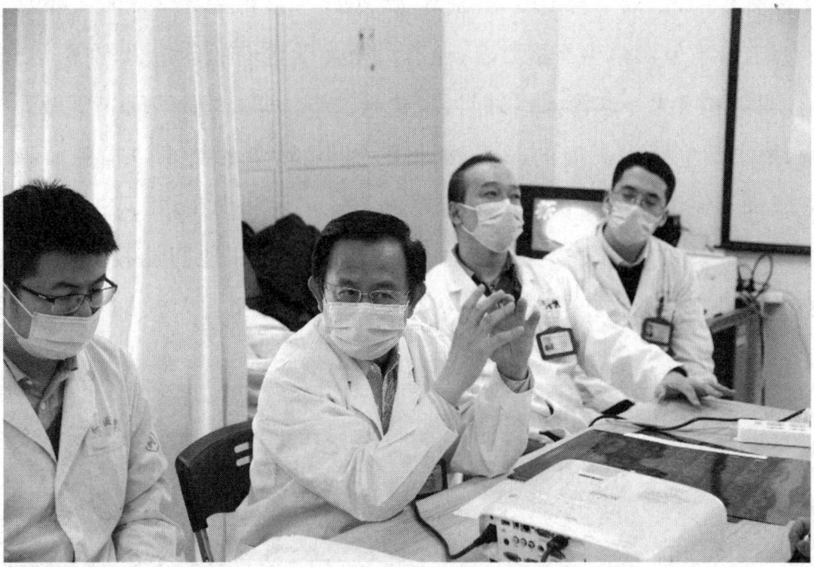

程玉峰带领大家开展科室讨论

教学相长，以身作则

在同事的眼里，程玉峰是一个不知疲倦的人。他终日辗转于门诊、病房、教室、讲坛、会场之间，承担着医疗、教学、科研、管理等纷繁复杂的任务。他总是说："国家、社会和医院培养我多年，在这个位置上，我必须做得更多、更好！"他用追求卓越的实际行动，诠释了蕴藏在这段朴实话语中的真谛。

程玉峰十分重视课堂教学，并亲自为本科生、研究生、留学生研究生授课，积累了丰富的教学经验，被留学生研究生评为"最受欢迎的授课老师"，同时被评选为"2021 年度山东大学优秀教师"，并获得 2021 年度山东大学研究生教学成果奖。他坚持每周三晚上的研究生例会，先后培养博士、硕士、留学生研究生 121 名。他非常重视住院医师规范化培训工作，强调专业学位研究生和规陪学员的临床技能培训，累计主持山东大学教学科研项目 4 项，开设了山东大学"肿瘤治疗学"和"Precision Oncology"（全英文课程）2 门研究生课程，其中"肿瘤治疗学"已实现"学堂在线"主网站和"中国医药学研究生在线教育平台"双平台上线,并被评为"2021 年度山东大学优质课程"。

程玉峰不但对学生严格要求,还努力激发学生们的创造力,在前沿知识面前,积极和学生一起深入探讨问题,共同进步。坚持"做学问先要做人"的原则,要求学生要以高尚的医德、渊博的知识、精湛的技术造福肿瘤患者。程玉峰毫不保留地把知识和经验传授给年轻医生和学生,提高他们的理论和临床水平;同时,更通过自己的言行去熏陶学生,让他们学习做人做事的品格和境界,对他们的人格塑造、精神境界的提升意义重大。

2014 年,程玉峰获得全国十大"口碑医生"荣誉称号

程玉峰在平凡的工作岗位上,践行着自己的诺言:尽力工作,尽心做事。做患者的朋友,做健康的卫士,其中投射出的正是我们所倡导和追求的服务人民、辛勤劳动、团结互助、诚实守信的精神和品质,投射出一名优秀共产党员的责任和担当。

(作者:高丹璎)

呼吸与危重症医学科学科带头人肖伟

病人的好医生，学生的好老师

肖伟，山东大学齐鲁医学院教授，齐鲁医院呼吸与危重症医学科主任医师，博士生导师。恢复高考后的1978年，她成为山东医学院医学系的学生，1983年以优异成绩毕业，来到现在的山东大学齐鲁医院。从那时起，她始终在临床医、教学、科研一线工作。

熟悉肖伟的人常这样调侃："她的优点是认真，缺点是太认真。"肖伟则认为，在对待病人的事情上，无论怎么认真都不为过。白求恩是她的职业榜样。她查房不放过病人的任何细节。对病情危重复杂的患者，她从电解质热卡到尿量都要计算到位，经过她诊治的病人都十分满意。

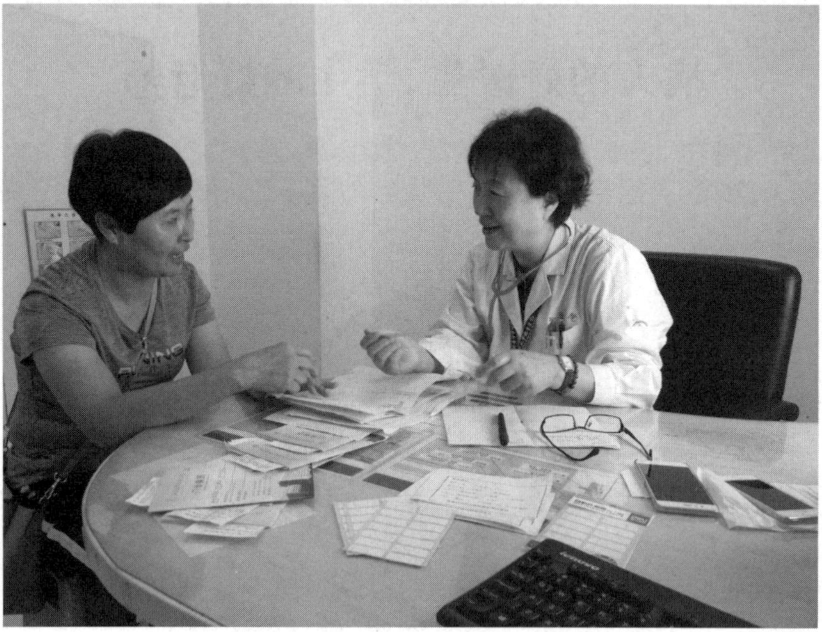

肖伟始终坚持“以患者为中心”的理念

有一次查房，肖伟发现一位57岁已被诊断多年肺间质疾病的病人临床表现存在疑问，她没有放过这些“小问题”，经过对病人细致问诊和心肺听诊及动态胸部CT资料的综合分析，认为该病人的肺间质问题系心脏原因引起，立即请心脏专家会诊并给予相应检查，从而明确诊断为先天性心脏病，动脉导管未闭，经手术治疗痊愈，解除了病人及家属几十年的负担。在认真细致的同时，肖伟十分注重运用新的技术和方法诊治疾病。有一位大学刚毕业的小伙子，因常年反复咳痰，肺功能异常，跑遍了全国各大医院，众说纷纭，疗效不好，20岁出头就被戴上了“慢性阻塞性肺疾病”的“帽子”，小伙子背上了严重的思想包袱，父母也为他忧心忡忡。后来，他们抱着试一试的想法，来到了齐鲁医院。肖伟接诊了这位病人，她花了很多时间认真翻阅了这个病人历年来所有病历和检查资料，认真对比各个时期的数据，找出了该病人病情变化的特点，提出了不同的见解。为了找到支持新诊断的证据，肖伟与研究生们一起用新的气道阻力测定、“有限元分析”等技术反复论证，最后证实了新的诊断。通过肖伟团队的努力，小伙子放下了思想包袱，开始了早该属于他的美好生活。2009 年，甲型 H1N1 流感期间，一位患甲型 H1N1 的乡村小学校长被家属从莱阳农村送至齐鲁医院。到达病房时，病人呼吸微弱、面色苍白、意识丧失，测量不到血压。肖伟和抢救小组的医护人员以及她的研究生们不顾随时被感染的危险，日夜坚守在病人床边。经过 39 天的不懈努力，病人终于战胜了死神。出院的时候，这位 53 岁的乡村小学校长泪流满面、泣不成声，对肖伟及相关医护人员的感恩之情溢于言表。

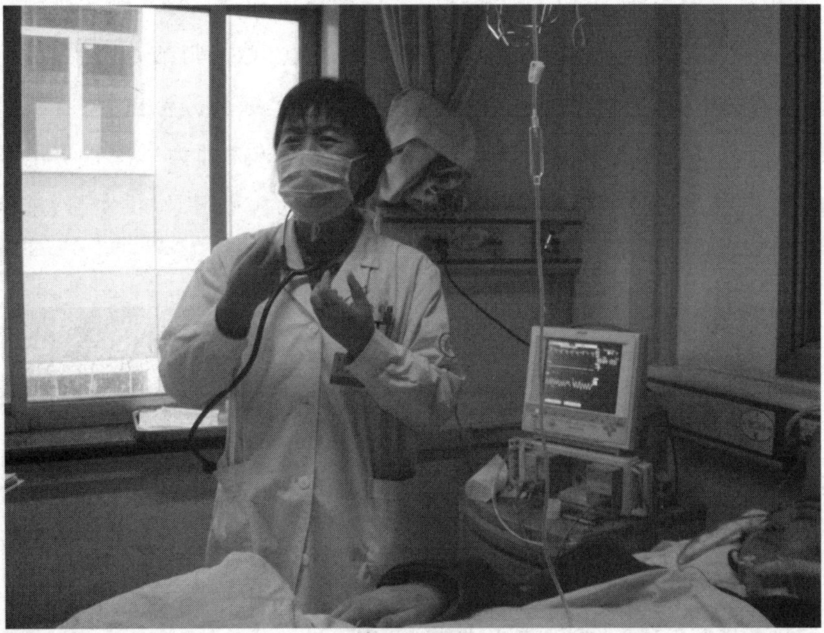

肖伟查房分析患者病情

作为山东大学的临床教师，肖伟负责临床教学工作已有 30 余年，从教学秘书一直做到齐鲁医院大内科教学主任，担任山东大学诊断学研究所所长和内科学研究所常务副所长期间曾经负责山东大学第二医院、山东省立医院、山东省千佛山医院、济南市中心医院 5 家医院的临床教学工作，认真严谨，从不懈怠。

肖伟在做实习生的时候，老师的言行深深影响了她。在一次产科见习中，由于羊水吸入，胎儿娩出时，口唇青紫，对刺激毫无反应。在十分危急的情况下，当时并不在接生台上的带教老师王淑琨教授迅速拿起一根导尿管，用嘴吸出新生儿呼吸道里的分泌物，孩子紫绀症状迅速得到了缓解，顿时发出了响亮的哭声。肖伟说，她当时就想："将来我当了医生，也一定像老师那样救死扶伤。"在后来的30多年临床生涯中，她始终没有忘记当年的决心，比起言传，更加注重身教。

临床操作时，肖伟会教导学生如何密切观察病人的反应、保护病人的隐私、爱护病人的伤痛、手把手地教学生无菌操作要领等。每次查房时她都详询病史并带领大家一起提炼主诉、分析病例特点、总结归纳查房要点，不断提高各级医学生，规培、进修生对病史采集、归纳、综合分析重要性的认识。她每周都亲自修改病程记录，曾经给一位实习轮转医师为一次查房记录反复修改4次。她还时常针对疑难病例写出相应的病程记录，供实习、进修医师参考和借鉴。

肖伟在加州理工大学访问

在教学相长的过程中，肖伟和她的研究生们一起走过了二十多个春秋。她始终要求她的学生们保持严肃认真的科研态度和坚持实事求是的科研作风，绝不允许存在浮夸、造假。她的研究生团队是一个思维活跃、锐意创新、严谨自律、团结协作、蓬勃向上的集体。为了解决临床上常见的重要问题，肖伟建立了慢性炎性气道疾病的基础和临床应用研究体系。气道疾病方面的研究成果分别在国内外重要刊物 *CHEST* 和《中华结核和呼吸杂志》发表。为了建立适合山东地区老年人群的关于肺通气功能的合理的预计方程，肖伟教授和学生们一起深入社区入户调查，认真查阅文献和数以万计的数据资料，与两届研究生一起用了 3 年的时间反复论证，数据不扎实绝不轻易发表，最终发表的研究论文位列《山东大学学报》(医学版)翌年被引次数第一位。在每年本专业的全国学术年会上都有肖伟及研究生的大会专题发言，介绍自己的研究成果，受到同行们的高度关注和一致认可，间或受到在国际会议做报告的邀请。学生们在短暂几年的学习过程中也得到了宝贵的历练，迅速而茁壮成长。如今，学生们大都成为所在医院的学术骨干和优秀的临床医生，在新冠疫情防控中，哪里危险，哪里需要，哪里就有他们冲锋在前、救死扶伤的身影，在“健康中国”伟大战略的实践中奉献着青春、智慧、勇敢和热情。

在完成医疗教学工作的同时，肖伟主持国家自然科学基金项目 3 项，科技部重点研发项目 1 项，山东省科技项目 2 项，获省部级科技进步二等奖、三等奖各 1 项，山东省教育厅优秀成果一等奖 1 项，在国内外期刊上发表论文 30 余篇，其中 SCI 20 余篇。参编全国统编教材《内科学》一部。

几十年来，肖伟以她令人叹服的认真和执着，用她不变的激情和赤诚，做病人信赖的医生、做学生喜爱的师长，在她热爱的医学事业中与她的学生们一起成长并走向成熟。未来，她希望有更多的精力钻研疾病的诊治，为病人解决病痛；用更多的时间与年轻的学子们一起教学相长，潜心研究，传承齐鲁医院百年老院的精神和文化。

（文章来源：山东大学新闻中心，有删改）

康复科学科带头人岳寿伟

奋楫笃行，圆梦康复

走进山东大学齐鲁医院康复医学科，宽敞明亮的康复大厅里整齐摆放着各种先进的康复器械，每一天，这里的医生、康复师、护士像守护亲人一样守护着康复患者的健康，通过系统的康复治疗，让他们重回家庭、重归社会，实现了生命的再次绽放。

作为“国家临床重点专科”，齐鲁医院康复医学科经过半个多世纪的发展，赢得了患者的满意、社会的好评。作为学科带头人，岳寿伟成为名副其实的科室“领路人”。从医30余年，在康复领域，他不断探索与尝试，实现了多项治疗技术的突破，同时参与国家有关康复医学文件、教程编纂及政策修订、调研督导，推动着康复医学在国内的发展，诠释着“奋楫笃行，圆梦康复”的医者初心。

岳寿伟带领大家研讨病例

“不甘心”成就康复大咖

“1983年，从医学专科院校毕业后，我被分配到山东煤矿疗养院工作。当时觉得大小伙子，不能只是在疗养院工作啊！于是就一边工作一边学习，六年后如愿考上了中国医科大学的硕士研究生，开始系统学习康复医学知识。”岳寿伟回忆说，与齐鲁医院结缘，要从30年前说起，3年的研究生时间很快，在他即将毕业时，山东医科大学附属医院（齐鲁医院前身）向他伸出了“橄榄枝”。几年后，岳寿伟为山东医科大学申请到了康复医学与理疗学的硕士培养点，开创了医院康复医学专业的先河。

岳寿伟自2000年起任康复科主任，一直致力于康复医学学科建设和发展，也正是在这时几近不惑之年的岳寿伟决定继续深造学习。2000年至2003年，岳寿伟通过在第三军医大学的学习，如愿拿到康复医学博士学位，随即在齐鲁医院申请到了康复医学与理疗学的博士培养点。

业精于勤、行成于思，岳寿伟率领科室医务工作者将彼时的理疗科带上了高速发展的快车道，发展成为具有116张床位、100余名工作人员，集医教研于一体的现代化规范化康复医学科，开展神经康复、骨科康复、脊髓损伤康复、运动损伤康复、儿童康复、老年康复等，多项技术处于国内领先地位，年门诊治疗超12万人次。值得一提的是，岳寿伟带领团队在骨科、神经科、重症科、儿科等各专业科室开展早期康复介入工作，这种早期康复介入模式曾在全国医政工作会议上作为典型被介绍。

40年前，作为学校临床医学专业的优秀学生，有着远大志向的岳寿伟“不甘心”成为疗养院的一名普通医务工作者；20年前，作为齐鲁医院康复科主任，致力于康复医学学科建设和发展的岳寿伟“不甘心”止步于此。正是这份“不甘心”，让岳寿伟成为教授、主任医师、博士生导师、齐鲁医院康复医学科主任等众多头衔于一身的康复医学方面的“大咖”。

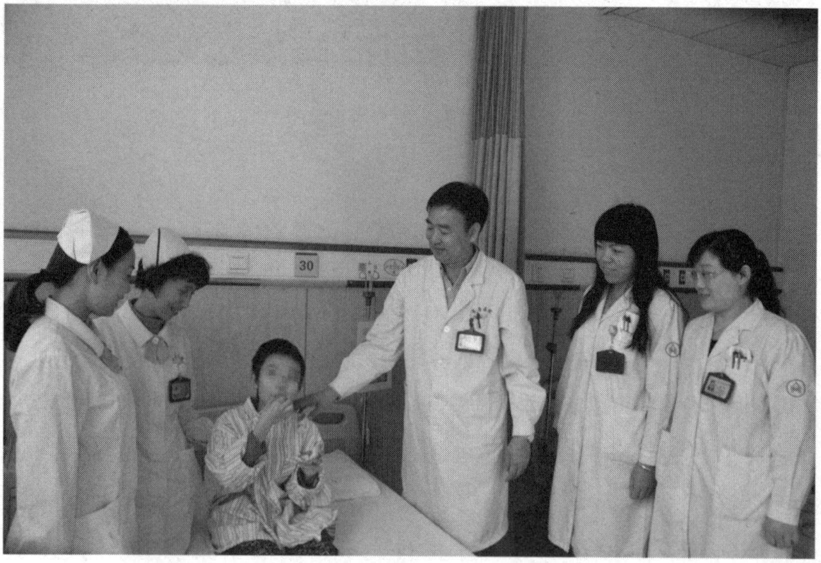

岳寿伟团队治愈顽固性吞咽困难患者

“不畏难”彰显医者仁心

这是一个充满神奇与希望的地方，患者因伤病暂时丧失或下降了的功能，在这里被一个个“找”了回来——这就是康复医学科。通过系统化、专业化的康复治疗，逐渐消除患者心理和功能障碍，恢复生活能力，提高生存质量，让他们重新回归家庭与社会。当被问及何为医者仁心时，岳寿伟表示，让功能障碍患者更体面、更有尊严地活下去，重新绽放生命的光彩，就是他对医者仁心的理解。

在当下这个康复医学快速发展的年代，面对日益多样化的医疗需求，再加之康复科的覆盖面大，治疗所涉及的学科往往多且广，这也对医生及治疗师的专业素养提出了更高的要求。如果说，康复医学已经成为岳寿伟的一种信念，那么，新技术新业务便是康复医学发展的支撑，创新与突破则是引领发展的第一动力。

岳寿伟在治疗中善于钻研和创新，将临床与科研相结合，攻坚克难、创新性地为不同患者解决了康复过程中的不同问题。他从事康复工作30余年，除了擅长脊柱疾病及神经系统疾病的康复诊疗外，还主持开展腰椎多方位快速牵引、CT引导下环咽肌肉毒毒素注射、肌电引导下肉毒毒素注射等先进康复治疗技术。

顽固性吞咽困难曾是困扰康复界的一个难题，由于人体颈部结构复杂，食管位于气管与颈椎之间，毗邻血管、神经较多，国内外一直没有特别有效的处理方法。但岳寿伟并没有放弃，他通过翻阅大量资料，咨询解剖学、麻醉学、消化内科学、耳鼻喉科学等专家，反复研究论证，创新性地采用球囊造影联合CT引导环咽肌肉毒毒素注射治疗顽固性吞咽，为世界首创。迄今，除山东省患者外，已有来自北京、河北、辽宁、江西、山西、河南、湖南等省份的吞咽困难患者慕名前来治疗并康复出院。

不仅如此，为了让患者达到更好的康复效果，岳寿伟努力带领康复团队勇于创新，不断钻研，开展了多项国内领先的康复治疗技术，如快速牵引治疗腰椎间盘突出症。据介绍，岳寿伟将临床与科研相结合，创新性地应用断层解剖技术研究快速牵引，极大地方便了腰椎间盘突出症患者，且效果良好。据悉，快速牵引治疗的断层解剖学研究还补充和修正了既往“椎间盘复位”学说，治疗的评估标准和疗效分析发表于多种核心期刊。此治疗方法和快速牵引的治疗参数已被写入多部、多版教材中，被国内千余家医疗机构采用。

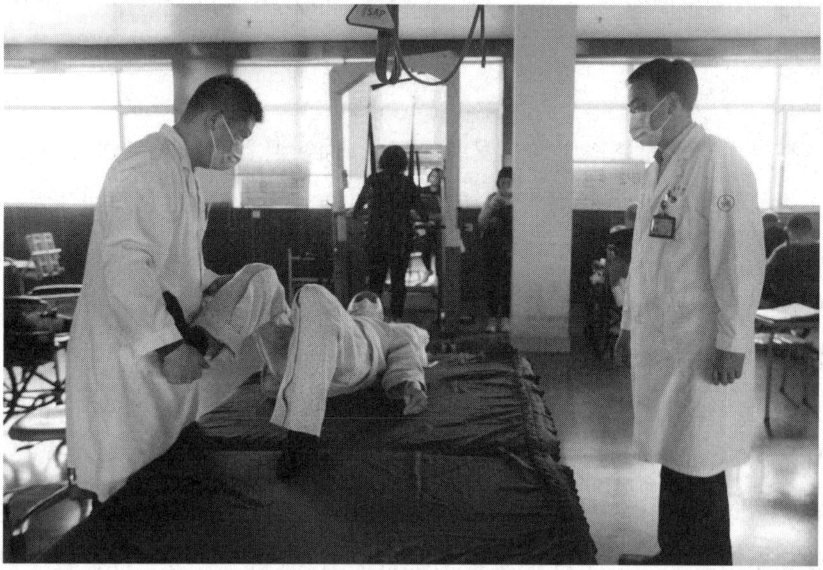

岳寿伟指导患者康复

“不止步”推进康复发展

作为学科带头人，岳寿伟始终致力于康复医学学科建设和发展，在他和团队的努力下，康复医学科 2013 年获批国家临床重点专科建设项目，2019 年其骨科康复专科获批“山东省临床精品特色专科”，2020 年被山东省发改委认定为“山东省智能康复工程研究中心”。在复旦大学医院管理研究所发布的“2020 年中国医院专科综合排行榜”中，科室排名为全国第五位。

岳寿伟曾两次与急救医务人员一起冲在抗震救灾一线，为了伤员的康复诊治废寝忘食。2008 年汶川地震时，他与时间赛跑，日夜来回奔走于济南、青岛、烟台、威海等地，为 398 名转入山东省的地震伤员制订了个性化的康复治疗方案，康复治疗的早期介入，减少了受灾人员并发症和残疾的发生率，也正是这一次，让更多人看到了康复医疗的作用，也引起了国家对康复医学的重视。2013 年雅安地震，国家卫计委在全国范围内选派两名康复医学专家奔赴震区执行抗震救灾任务，岳寿伟为其中之一，同时他也是由山东省派往雅安震区的首位医学专家。凭着对“救死扶伤”初心的执着，他不辱使命，为灾区伤员提供了最权威最有效的康复治疗方案。

不止于此，作为中华医学会物理医学与康复学分会领头人，岳寿伟带领团队到内蒙古、吉林、云南、江西、新疆等全国各地开展帮扶工作，培养康复人才，指导当地医院建立康复科；作为山东省康复医学会会长，积极推动山东省康复医学的发展，亲自到全省各地进行实地调研，了解各级医院康复医学发展状况及工作开展情况，帮助其不断完善提高，促进其发展，其帮扶的淄博市成为全国康复发展的典范。

此外，在国内尚无经验可参考的情况下，岳寿伟积极探索，多次与卫生行政部门沟通，在国内率先开展了康复技能大赛、康复治疗技术培训、康复医师转岗培训等工作，并将培训经验推广到全国。目前共培训康复医护人员和康复师等 4000 余名，所制订的培训方案被国家卫计委（现国家卫健委）及许多省份借鉴，极大提高了康复治疗技术人员的水平和素质。同时，岳寿伟还多次参加国家卫健委、中华医学会、中国医师协会、中国康复医学会组织的会议、文件编写及调研指导等工作，受国家卫健委委托，齐鲁医院康复科起草了康复专业全部的 20 个临床路径，牵头编写了《中国腰痛康复指南》，积极推动全国康复医学的发展。

齐鲁医院康复科获得多个奖项及专利

（作者：高丹璎　周翔宇）

消化科主任左秀丽

初心照亮求索之路，创新领跑学科前沿

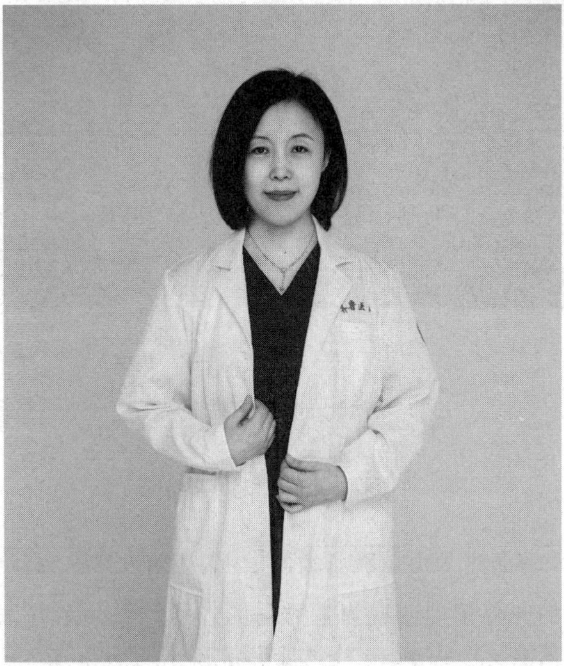

她是国内单人操作小肠镜的第一人，带领团队在小肠镜下治疗技术的探索中实现了一次又一次突破；她历时八年攻克世界难题，推动肠道菌群治疗肠易激综合征从理论研究走向临床应用；她参与制定共聚焦显微内镜胃癌前病变诊断标准在国际上被广泛认可，被命名为“齐鲁标准”；她主持科技部“十三五”国家重点研发计划“消化内镜微创手术智能机器人”，为更微创、更精准的内镜治疗启航……她就是山东大学齐鲁医院消化科主任左秀丽。从医三十载，她始终坚守初心，倾尽所能地关爱帮助患者，带领团队披荆斩棘，在消化疾病领域探索求新，将科研成果应用于临床，为解除患者病痛不懈努力。

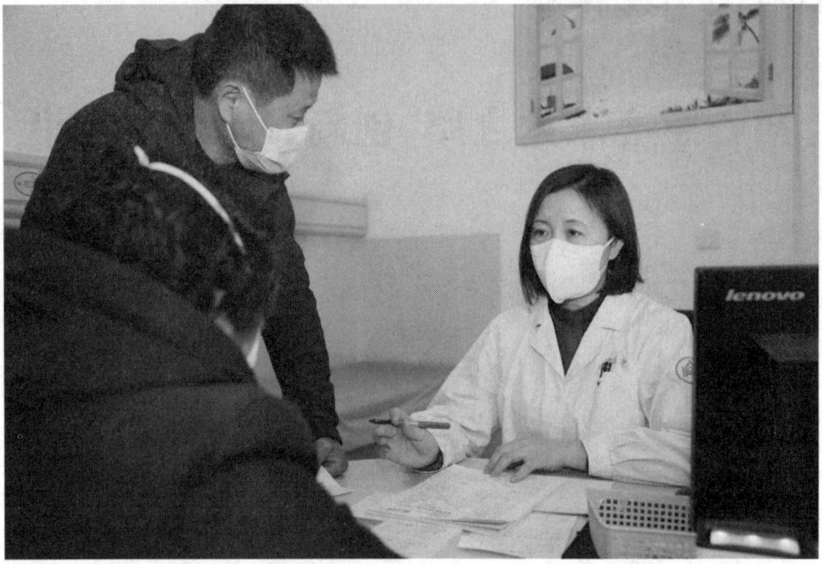

左秀丽耐心与患者交谈，了解病情

倾注医者仁心

1986年，左秀丽进入山东医科大学学习，从初入这所百年学府，“广智求真，博施济众”的齐鲁精神便成为左秀丽的追求，“做一名好医生”便成为深深植根于她心中的朴素理想。随后，她专攻消化系统疾病方向，一步步完成硕士和博士学业。她选择披上白袍的初心很朴素，即希望用自己的医术为病人解除病痛，每当见到病人康复回家，那种成就感和喜悦感都溢于言表。

可是她渐渐地发现，有时候尽了最大的努力却还是没能救回病人，为了能够帮助更多的患者解除病痛，她决定继续学习深造，去破解这些难题。在医院的大力支持下，2006～2007年左秀丽赴美国西北大学学习，“那时的学习是对我科研的启蒙”，左秀丽回忆说，接触到了国际先进的理念，让她重新理解了科研的意义。接下来，左秀丽先后到全球多家顶尖学府学习交流，国际视野逐渐得到拓展。2010年赴日本昭和大学国际胃肠内镜研修中心学习时，左秀丽对内镜下治疗胃肠疾病的理念有了全新的认识，为今后事业的发展奠定了基础。

近年来，齐鲁医院消化科在李延青教授的带领下进入了高速发展阶段。左秀丽学成归来，用她所学救治患者，同时潜心钻研科研事业。众所周知，临床医生是非常繁忙的——坐诊、查房、做胃镜、带学生等等。纵使时间如此紧张，左秀丽仍然挤出时间去做科研，“一名医生能够诊断的病人数量是有限的，科研则是对日常医疗工作的总结归纳和创新发展，一旦科研成果得到推广，就能治愈更多的病人”。

2013年，左秀丽晋升主任医师，2014年被遴选为博士研究生导师，2019年获“泰山学者”特聘教授称号，2021年获聘山东大学特聘教授。多年来，她丝毫不敢忘却“健康所系，性命相托”的誓言，倾心关爱帮助患者，在治疗疾病的同时，注重给予患者最大限度的人文关怀，为改善医患关系做出自己的贡献。经过不懈努力，左秀丽逐渐在功能性胃肠病、小肠疾病和胃肠道早癌的诊断治疗方面凸显自己的专业特长，带领团队走在了国内前列。在整个山东乃至全国，左秀丽的医德医术都深受赞赏，慕名而来的患者络绎不绝。

镜下妙手回春

小肠，被称作消化道中的“黑暗大陆”，是人体内长度最长、表面积最大的器官，多年来一直是检查的盲区，小肠镜的问世可以说开辟了小肠疾病诊疗的全新领域。小肠细长、肠壁薄、弯曲较多的特点使小肠镜操作成为消化科难度最高的技术之一，早期的小肠镜基本是双人甚至三人操作，但多人操作协调性差、难以完成很精细的动作，这也成为小肠镜下病变治疗的一大障碍。很多同道对小肠镜技术都避而远之，左秀丽却不同，她认为这项技术才是内镜医师最需要攻克的难关，也是自己最喜欢的方向。

2009年，在攻克了一个个困难和瓶颈后，左秀丽在国内首次开展了单人单气囊小肠镜操作，后又把这项技术推广和发展到全国。此外，左秀丽带领齐鲁消化团队在小肠镜下微创治疗方面不断努力，成功开展了国内首例翻转梅克尔憩室（Meckel's diverticulum）内镜下切除术、小肠镜下结石嵌顿碎石术、小肠血管硬化术等创新技术，让许多从前只能依靠外科手术的小肠疾病患者在更微创的内镜治疗下恢复健康。现在,“齐鲁小肠镜”已成为齐鲁消化专业的一张亮丽名片,享誉全国,每年都有众多来自全国各地的医生到齐鲁医院进修学习。她为我国小肠镜技术的发展及小肠疾病的诊治做出了巨大贡献。

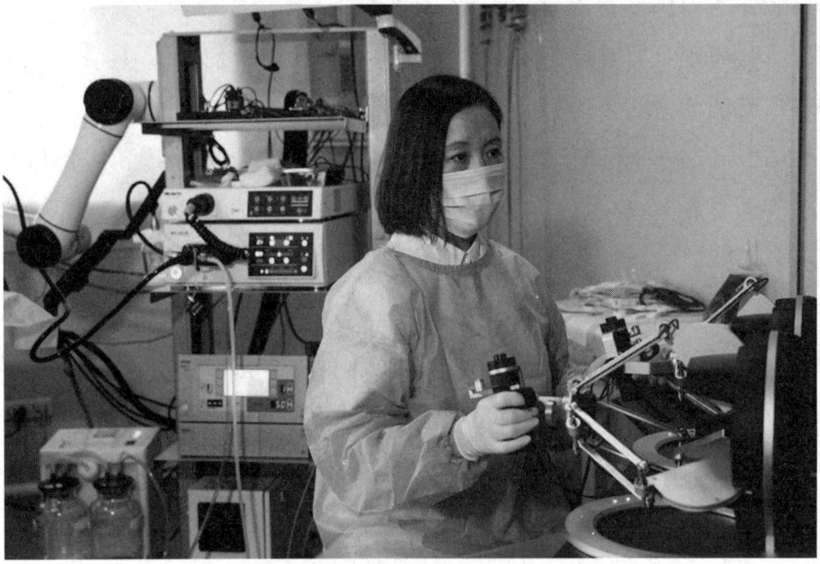

2009 年,左秀丽在国内首次开展了单人单气囊小肠镜操作

消化道肿瘤一直是消化科临床工作中的一大类重要疾病,“上医治未病”,左秀丽非常强调消化道肿瘤的早期诊治,这样才能把疾病扼杀在摇篮里。以早期胃癌为例,五年的生存率在 90%以上,而等到有了明显症状才到医院就诊,大部分患者确诊时就到了进展期,此时五年生存率便大大降低。“通过胃肠镜检查就可以发现胃肠早期病变,这就是我们早期内镜筛查的重要性”,左秀丽介绍。

为了提高早期胃肠道肿瘤的内镜诊断准确度,齐鲁医院消化团队突破传统白光内镜筛查局限,在国内最早引进并开展了共聚焦激光显微内镜技术,将传统实验室桌面使用的共聚焦显微镜原理运用到胃镜和结肠镜的检查中,实现了内镜下“光学活检”,显著提高了消化道早期肿瘤检出率。目前齐鲁医院的共聚焦显微内镜技术已处于国际领先地位，所制定的共聚焦内镜胃癌前病变诊断标准在国际上被广泛认可，被命名为“齐鲁标准”，这也是国际消化内镜领域第一个以中国医疗机构命名的诊断标准，被欧美国家广泛接受和应用。

2018 年，左秀丽获得山东省科技进步一等奖

科研另辟蹊径

在不断学习中求索，在探索创新中超越。为了攻克临床中遇到的重点、难点问题，左秀丽一直致力于开展深入的基础及临床医学研究，主持并参与

多项国家重点及省重大科研项目，其研究成果受到同行广泛关注。

临床上常常会出现腹痛、腹胀和腹部不适，排便习惯不规律以及交替腹泻和便秘的患者，但是查体时又找不到病因和器质性病变，很多医院和大夫都纷纷表示束手无策。“可能是患了肠易激综合征（Irritable bowel Syndrome，IBS），这是一种世界范围内的多发病，一般认为 IBS 是机体应激反应与心理因素相互作用的结果。”左秀丽表示，团队为了解决 IBS 患者的痛苦，决定去探索疾病未知领域。“肠道菌群种类繁多，数量庞大，它与人的健康息息相关。”左秀丽表示，肠神经系统是一个大型神经网络，它控制着整个消化系统。肠神经系统与中枢神经系统有着紧密的联系和互动，被称为“肠一脑轴”。一旦肠道菌群发生变化，肠道的功能状态也将改变，会通过肠一脑轴影响大脑的功能，被称为“菌一肠一脑轴”。

左秀丽带领团队从这个角度出发，历时八年，终于取得重大突破，完成“IBS（肠易激综合征）脑一肠互动异常发生的分子机制及治疗的研究”课题，揭示大脑、肠道和肠道菌群间的关系，从而达到通过调节肠道菌群治疗 IBS 疾病的目的。目前，采用益生菌治疗 IBS 患者的方式得到业界的广泛应用，取得了良好效果，已获山东省科技进步奖一等奖 2 项、二等奖 1 项。

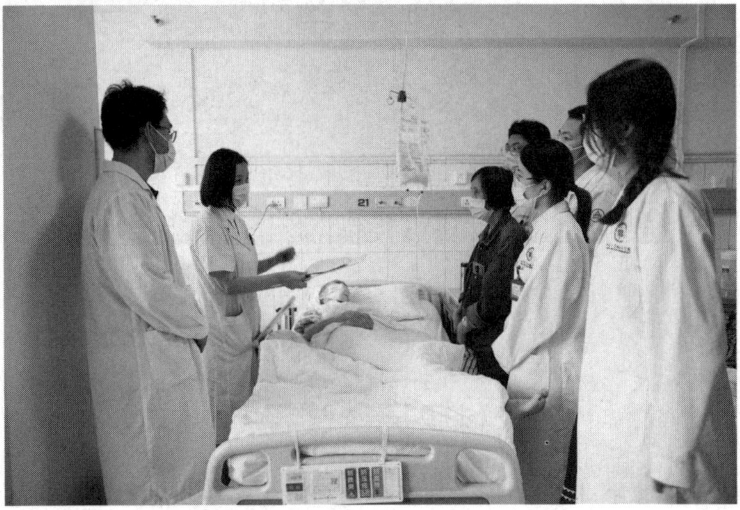

左秀丽（左二）在查房

智能领跑前沿

目前，人工智能手术机器人正在重构未来医疗。以前，人们无法想象，只要有5G网络，就可以通过远程操作双臂智能机器人为千里之外的患者做复杂精细的消化内镜手术，而在人工智能高速发展的今天，这项由我国自主研发的技术有望变为现实。

2018年，由山东大学牵头，联合上海交通大学等10家优势单位，按照全链条设计、一体化实施原则申报的“消化内镜微创手术机器人关键技术及系统”（也就是前面提到的双臂智能机器人）研究项目获批并得到实施。该项目总预算2282万元，研究目标紧扣临床需求，通过研发接触安全、感知反馈、操控精准的消化内镜微创手术机器人系统，促进先进内镜手术的临床转化，以实现稳定、精确和安全的消化内镜手术，从而促进消化内镜微创手术技术推广，提升消化道肿瘤患者的个体化、精准化治疗水平。

作为项目的首席科学家，左秀丽有感而发：“此次研发的双臂智能机器人不同于前期研发即将应用于临床的单臂机器人，它可以模拟人类双手的三角运动，更精准更安全地为患者手术。在疫情常态化的今天，有望为全国各地的消化疾病患者提供高质量的医疗服务。”该项目的落地，展示了山东大学齐鲁医院消化内镜技术领跑学科前沿的实力，实现了我国消化内镜微创手术机器人技术的新突破，更对促进医学进步贡献了重要力量。

执初心照亮科研求索之路，向未来领跑消化学科前沿。接下来，左秀丽将带领团队奋楫前行，继续为守护患者的生命健康做出积极贡献。

（作者：李宁　王文斐）

神经内科主任刘艺鸣

做有灵魂有情感的事业

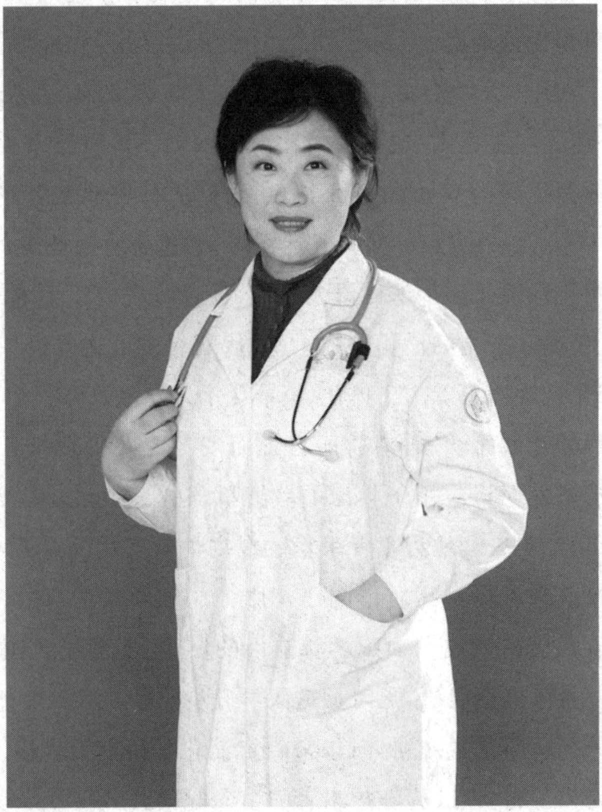

山东大学齐鲁医院神经内科主任刘艺鸣的微信头像是一位手捧郁金香的女医生。“郁金香的花语是爱、慈善、祝福。郁金香被指定为‘国际帕金森病日’的标志物，而我，就想做一名郁金香般的守护者。”刘艺鸣是这样说的，也是这样做的。

神经系统被称为“人体最高司令部”，功能复杂而神奇，有很多值得探索的奥妙。而神经内科正是研究与脑神经、脊神经及肌肉相关疾病的学科。三十余载,从风华正茂到两鬓添霜,刘艺鸣与山东大学齐鲁医院神经内科团队秉承“医道从德、术业求精”的院训,勤奋耕耘在这片领域,不负百姓健康所系、性命相托。刘艺鸣坚持临床一线,潜心钻研业务,对神经系统常见病及疑难罕见病有着丰富的经验,尤其擅长帕金森病及运动障碍疾病的诊治。在她的带领下,齐鲁医院神经内科帕金森病及运动障碍亚专业实现了从无到有,到逐渐发展壮大,再到今日在国内享有较高声誉的飞跃。凝结自己全部的心血,成为帕金森病患者的“守护者”,刘艺鸣甘之如饴。

1999 年,刘艺鸣(右二)从山东医科大学研究生毕业

医“梦”,求索之路无止境

1983 年,刘艺鸣以优异成绩考入当时的山东医学院(后更名为山东医科大学,现山东大学齐鲁医学院)医学英语班。1989 年,她毕业留校担任临床教师。“就是在临床部工作的那段时间,我有幸认识了齐鲁医院神经内科创始人朱汉英教授、李大年教授、高雁教授、曹克勇教授。前辈们的博学仁爱

和谦逊儒雅，让我特别仰慕，更深深影响并指导了我对未来专业的选择与规划。”回忆起自己选择神经内科专业，刘艺鸣告诉记者，年轻时的她把前辈们的学识和风范作为自己追求的目标。

“我想神经系统应该是最复杂、精密的系统。”逻辑、欲望、思想……每分每秒都在人的神经系统里，神秘地发生、存在、运转着。这种神秘感吸引着刘艺鸣不断去探索，她付出了超常的努力兼顾临床诊疗与学术研究，不断提高业务水平。

“学无止境，我必须跟上知识的更新和科技的进步”，刘艺鸣在山东医科大学先后完成了硕士和博士学业，并以优异的成绩获得世界卫生组织奖学金，于 2003 年 5 月至 2004 年 7 月在美国纽约西奈山医学中心系统学习帕金森病及运动障碍疾病的诊疗技术。帕金森病是常见于中老年人的神经系统退行性疾病，患病率高，严重影响患者的生活质量，给家庭和社会带来巨大的精神负担和经济负担。回国后，她以帕金森病及运动障碍疾病的诊治作为主攻方向，从零开始建立帕金森病及运动障碍亚专业，逐步积累帕金森病、特发性震颤、肌张力障碍以及与遗传代谢相关的各种运动障碍诊疗经验，毫无保留地把自己的知识和经验传授给同行，培养帕金森病专科医生。

二十多年来，刘艺鸣以执着的精神，对帕金森病及运动障碍疾病进行深入的研究，治疗水平不断提高，深受患者和患者家属的好评和爱戴。她积极推动山东省帕金森病分级诊疗，并建立多学科合作诊疗模式。2008 年她当选为中华医学会神经病学分会帕金森病及运动障碍学组委员，2016 年担任山东省医学会首届帕金森病及运动障碍学组组长，2019 年开始担任山东省帕金森病大数据首席专家，是山东省帕金森病的学科带头人。2021 年 1 月 8 日，齐鲁医院成为医师协会帕金森病及运动障碍学组认定的“帕金森病一站式诊疗中心暨高级培训中心”。

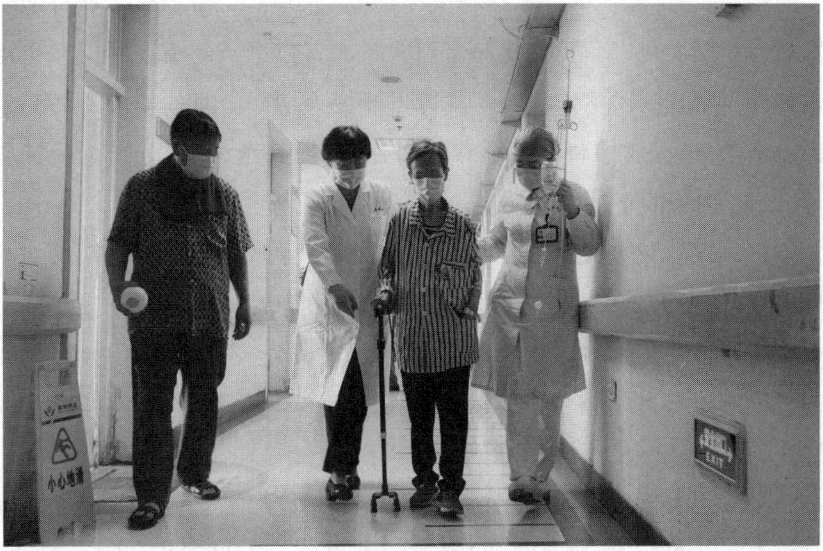

刘艺鸣与很多“帕友”成了朋友

医“心”，医生最大的成就是解决患者疾苦

由于我国老龄化不断加速，神经内科疾病谱也在不断扩大，刘艺鸣所潜心研究的帕金森病是继阿尔茨海默病之后的第二大老年神经退行性疾病，其诊断和治疗都需要经过一系列复杂的检查才能确定。一些检查如分子影像学和基因检查并不普及，花费也高，但刘艺鸣经常可以凭借丰富的临床经验做出诊断，为患者节约了费用，很多患者都慕名前来求医。

“帕金森病一旦确诊，无法治愈，需要根据疾病进程终身接受治疗。我们医生要陪伴患者一生，相当于和患者‘绑’在了一起。”在刘艺鸣看来，用“绑”这个字是对她工作极为恰当的诠释。

“任何一位帕金森患者的治疗都不是一次性的，因为疾病的病因和表现并不完全相同，治疗方案也需要量体裁衣。从确诊到每一次治疗调整，需要全程管理。要给患者最佳治疗方案，让患者有最好的生活质量。”这是刘艺鸣一直坚持的标准。据了解，“帕金森病一站式诊疗中心”是北方地区第一家专病中心，也是全国第五家挂牌成立的高级中心。“希望这个项目能使帕金森病治疗同质化、规范化，使帕友们在一次就诊中节约更多时间和费用”，刘艺鸣说。刘艺鸣团队在医院的支持下开展为期3个月的帕金森病和运动障碍进修项目，有效推动了帕金森病诊疗专科化、全程化、分级化和智能化管理，使更多的患者受益。

值得一提的是，刘艺鸣连续16年义务举办“帕金森病病友会”，打造帕金森病患者“郁金香之家”，建立“我们不怕，快乐前行”微信群。为方便疫情期间患者能够得到及时的咨询帮助，刘艺鸣在2020年3月又建立起“齐鲁帕苑”微信公众号，在线上和微信群义务帮助患者答疑解惑，受到患者和家属的好评，齐鲁医院也被“帕友”誉为“希望之家”。

30年的从医经历，不仅让刘艺鸣医术愈发精湛，而且还给了她一副博施济众的心肠。“我经常教育我的学生，如果想做一个好医生，首先要体会一次做病人的感觉。”刘艺鸣说，医生要把自己的工作当成事业，而不是职业，因为医生是有血有肉，有灵魂有情感的。

刘艺鸣指导学生科研

医“学”，唯有精益求精方能更上一层楼

学如逆水行舟，不进则退。无论是谁都要不断地吸收新知识才能不被时代所抛弃，作为一名医生更是如此，多吸收新知识、掌握新技术，才能保证为患者提供更好的治疗。当谈到医生临床和科研兼顾的问题时，刘艺鸣表示，“作为一名医生，是一定要做科研的，否则很难成长，更难升华”。

在刘艺鸣看来，临床和科研的关系是非常密切的，科研的思路来源于临床，科研的成果指导临床诊治。刘艺鸣一直致力于帕金森病诊疗的临床研究，对于少见的临床现象都进行了认真思考，读文献、随访患者、做队列研究，寻找共性和优化治疗方案，如对帕金森病体位性低血压、餐后低血压、睡眠获益和晨僵等现象的识别治疗等。她最早将帕金森病非运动症状量表在中国患者中验证推广，并参加国际运动障碍协会新版帕金森综合评分量表(UP-DRS，unified Parkingson's disease rating scale)汉化工作；她和团队参加 6 项国际多中心研究，认真，严谨，规范；近年来，她带领团队着手研究老龄化和糖尿病对帕金森病患者认知功能的影响。

刘艺鸣已参与制定 10 余个帕金森病治疗指南，其中 2012 年第一版《帕金森病脑深部电刺激(DBS)手术指南》对神经内、外科医生有很好的规范和指导作用。她承担国家“十三五”项目子课题“山东省帕金森病分级诊疗技术支撑体系的建立”；主持国家自然基金项目 3 项、省级项目 3 项；获山东省“科技进步奖”三等奖 2 项，山东省医学会“科技创新成果奖”二等奖 1 项；在国内外医学杂志发表学术论文 80 余篇，其中 SCI 论文 50 余篇，参编著作 6 部；已经培养毕业硕士生 53 名，博士生 6 名。

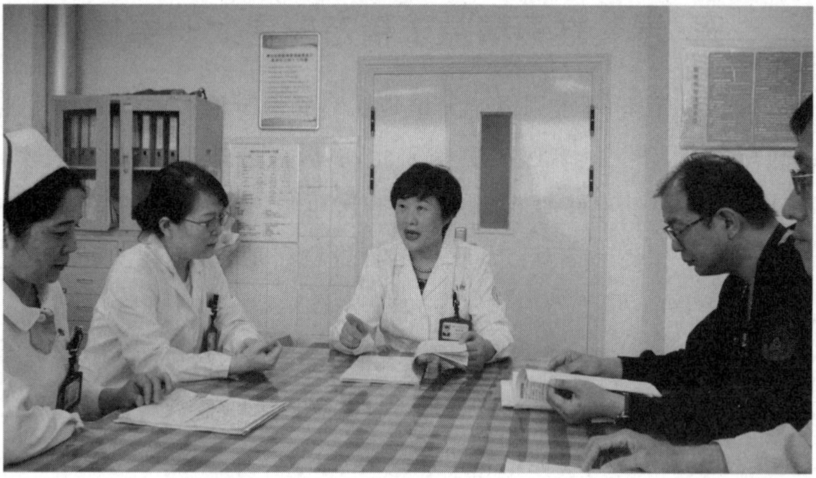

刘艺鸣带领大家开展科室讨论

医“道”，奋楫笃行传承发展

山东大学齐鲁医院神经内科作为山东省神经病学专业的发源地，1958年由朱汉英教授、李大年教授、高雁教授始创，六十多年来为众多患者解除了病痛，2013年被评为国家临床重点专科。经过几代人的努力，齐鲁医院神经内科已经发展成为今天享誉国内的学术重镇，连续5年获“复旦大学专科声誉排行榜”专科提名。

作为神经内科主任，不仅仅是作为一个神经内科专家去治病救人，更要作为一个管理者去规划科室发展和人才培养。如何才能做到“在其位谋其职”，刘艺鸣认为“医道传承”至关重要。

“神经内科有着优良的学术环境和团结向上的工作氛围。‘谦虚、内敛、务真、求实’是科训，历来重视在知识理念、职业精神、思维方式等各个方面引领青年医师，传承大医风范。”作为科主任和党支部书记，刘艺鸣注重科室文化建设，也将党建融入科室发展工作中。

刘艺鸣积极向国内先进单位学习，利用学术会议的空暇到协和、华西、湘雅等医院的神经内科参观学习，请教科室发展和人才培养的经验。她重视年轻医生的成长，规范年轻医生的培训，坚持每周的疑难病例讨论、每个月的青年医师业务学习和每年的“Top10 病例”大赛，让科室医生更有凝聚力和责任感。在神经内科学术带头人焉传祝教授带领下，神经内科学科建设发展迅速，现有癫痫与脑电生理专业组、神经肌肉病及遗传代谢病专业组、脑血管病专业组、帕金森病与运动障碍专业组、认知障碍专业组等 9 个优势亚专科。此外，神经内科科研及教学工作成绩斐然，多次获评“先进科室”。

在科室，刘艺鸣以身作则，言传身教。她既是“指挥员”带领大家向前走，又是科里的“一分子”，和大家一样排班，值班、听班、会诊一样都不少，哪里有需要她就补充到哪里。尽管科室成长进步得特别快，各项指标不断提升，但刘艺鸣始终十分低调。她总说：“工作是大家干的，成绩也是大家的，我们是一个团队，神经内科是一个大家庭，我只是做了自己应该做的。”

（作者：周翔宇　王然）

肿瘤内科主任刘联

勇毅笃行躬耕不辍，推动肿瘤诊疗创新

在百姓的眼里，肿瘤是一类非常可怕的疾病，它的出现往往伴随着痛苦和死亡。如今，随着科学的进步，肿瘤的确诊不再那么困难，治疗手段日益丰富，治疗效果越来越好，患者生存期也越来越长。

不断攻克肿瘤治疗难题，筑起患者生命的最后一道安全壁垒，是山东大学齐鲁医院肿瘤内科主任刘联的医者初心与使命担当。多年来，他勇毅笃行、躬耕不辍，为提升肿瘤诊疗水平，贡献着自己的热忱与力量。

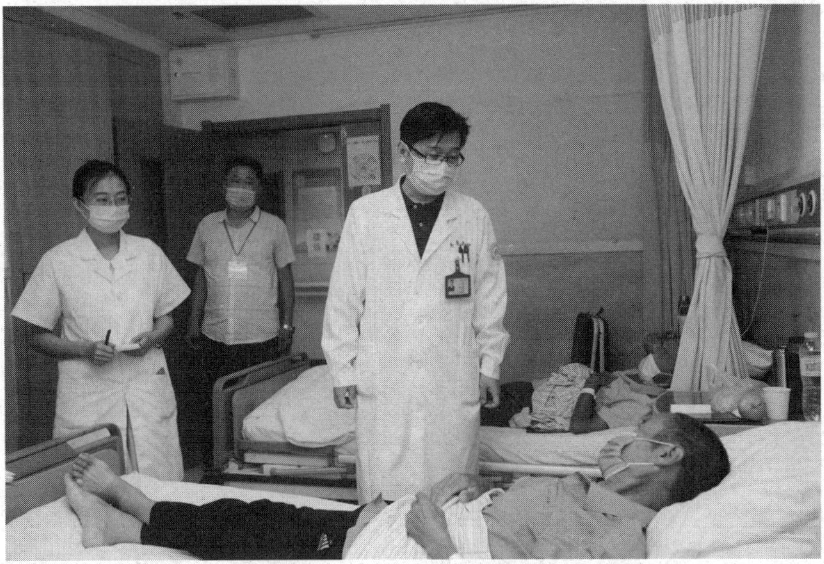

刘联十分注重在诊疗病情的同时关心患者心理状况

学科建设的排头兵，三十年俯首学术求知路

1997 年，刘联从山东医科大学（现山东大学齐鲁医学院）毕业后，来到齐鲁医院肿瘤中心化疗科工作。如今，作为山东大学血液肿瘤学博士、免疫学博士后以及山东大学临床医学教授、肿瘤学博士研究生导师，他致力于各种恶性肿瘤的诊断和治疗，尤其在胃癌、肠癌、肺癌等恶性肿瘤的诊断治疗和临床研究上建树颇丰。给无数患者带去生的希望的同时，他也赢得了全国各地患者的信任。

为提升肿瘤诊疗水平，刘联从未停下科研的脚步。作为第一批“山东大学齐鲁医院杰出青年人才”，近年来，刘联主持国家自然科学基金 3 项，其他国家及省部级基金 10 余项；负责新药临床研究工作多年，主持 20 余项Ⅰ、Ⅱ、Ⅲ期药物临床试验，并发起多项研究者主导的临床研究；发表 SCI 收录论文 20 余篇，总影响因子超过 150，被引次数达 300 余次；多次在国际肿瘤学顶级会议上作学术报告。目前，刘联还兼任国家及山东省多个学会的主委、副主委等重要学术职务。

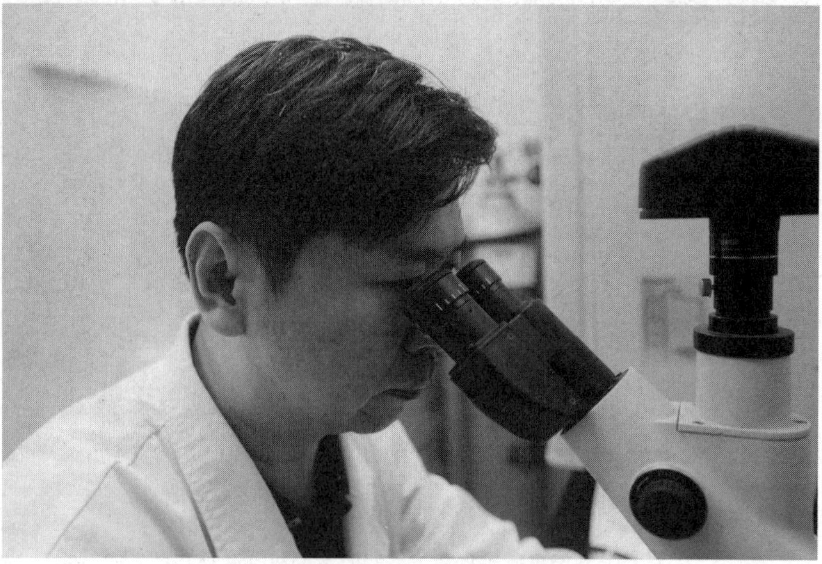

开展新实验新技术

不甘平凡的前行者，带领科室高质量发展

山东大学齐鲁医院肿瘤内科创设于1995年，在国内综合医院中建科时间较早，历经27年发展，已成为山东省内水平领先的肿瘤内科专业。目前拥有3个病区，开放床位130张，能够开展肺癌、乳腺癌、胃癌、肠癌、食管癌、泌尿生殖肿瘤等各类实体肿瘤的内科治疗与研究，具有较高的影响力。

近年来，肿瘤内科开展了大量的肿瘤学临床与基础研究工作。作为国家抗肿瘤新药临床研究基地，已完成56项国内和国际多中心抗肿瘤新药临床研究，目前在研项目20余项。科室还承担一系列国家级及省部级科研课题，包括国家自然科学基金课题10余项及省部级课题20余项，先后获得7项省部级科研奖励，发表SCI收录论文百余篇，还依托齐鲁医院资源优势筹建了山东省医药卫生肿瘤内科重点实验室，初步建立了将肿瘤基础研究及临床实践相结合的转化医学研究模式，真正造福更多患者。

尽管科室建设已经取得了一定的成绩，但刘联并不满足于此，“我一向是一个爱折腾的人，我们跟国内外先进肿瘤专业相比还是有很大差距的”。2020 年底，刘联竞聘肿瘤内科主任后，深感责任重大。为了尽快把肿瘤内科建设成一个院内先进、省内先进、全国先进的科室，他化压力为动力，抱着“功成不必在我、功成必定有我”的信念，全身心地投入工作。经过充分调研和领导班子反复讨论，医院批准将“化疗科”更名为“肿瘤内科”。刘联创造性地提出“以学科发展为根本、人才培育为目标、立体化科研为抓手”的专业发展思路，建立“以临床研究为主导，基础研究和转化研究相呼应的全方位、多层次、立体化科研”发展体系。他带领大家争分夺秒，埋头苦干，肿瘤内科在不到一年的时间内实现了跨越式发展——在 2021 年全院学科建设综合排名中名列第六，科研业绩排名上升 28 个位次，他个人科研业绩在全院科主任中排名第五。在全院中层干部考评中，肿瘤内科领导班子及刘联本人均被评为优秀。

不断学习充电

共同进步的筑路人，推动肿瘤诊疗创新发展

有志者，事竟成。刘联带领团队辛勤耕耘，致力于对恶性肿瘤创新性诊治策略的研究，连续3年在国际肿瘤领域顶尖会议上发布研究成果，获得国内外同行专家广泛认可。2019年，刘联在欧洲肿瘤内科大会上口头报告胃癌转移机制的基础研究成果；2021年、2022年胃癌、肺癌的多项研究成果在美国临床肿瘤学大会和美国消化道肿瘤学大会作为壁报被收录发表。他因此被同行誉为“中国好声音”，彰显了齐鲁医院肿瘤内科的临床及基础研究实力，提升了学科的国内外影响力，更为很多患者带来了生存的希望。

2021年，刘联带领团队设计并打造了“齐肿内科大查房”学术活动。“齐肿内科大查房”每周二下午通过国内权威肿瘤学媒体平台“肿瘤资讯”进行线上直播，从肿瘤学最新研究进展到诊治指南规范解读，涵盖了肿瘤诊治与研究的方方面面。活动开展1年多来，获得国内、省内各级医院肿瘤专业医生的广泛赞誉，单次收看点击率多次突破1.5万人次，在“肿瘤资讯”排行榜上多次进入点击率前三名。

据了解，当前肿瘤治疗的一大难题，便是基层医疗机构的规范化、流程化水平不足，致使时常出现不恰当的诊疗方式。刘联表示，肿瘤患者首次治疗非常重要，不规范的治疗可能会造成不可弥补的后果。为了推动解决这一难题，刘联在线上活动取得成功的基础上，于2021年7月牵头成立了线下的“齐肿内科大查房联盟”。联盟致力于推动山东省肿瘤专业诊疗规范化，提升联盟单位的肿瘤学诊疗水平，力争达到肿瘤治疗方案的同质化、诊疗水平的一致化。联盟成立以来，各家联盟单位之间定期开展查房、病例讨论、教学、科研工作，为青年医师提供进修学习机会，促进其临床工作能力和科研水平提高。

2022年，刘联带领团队继续创新，先后开展了“求真循证大查房”“临床研究三人行”等兼具学术性、创新性和可及性的活动。此外，刘联发起胃癌新辅助免疫治疗临床研究，最终结果在美国肿瘤学大会上发表。先进的治疗模式使原本不能手术的病人在转化治疗后顺利接受了手术，大幅延长了

寿命，提高了生存质量。刘联充分发挥自己团队临床研究功底扎实的优势，在科内发起成立了“真实世界临床研究小组”，在省内发起成立了“山东消化道肿瘤临床研究联盟”，带领山东省 20 多家医院肿瘤科做高质量的临床研究，不断对临床难点、热点、疑点问题发起“进攻”。

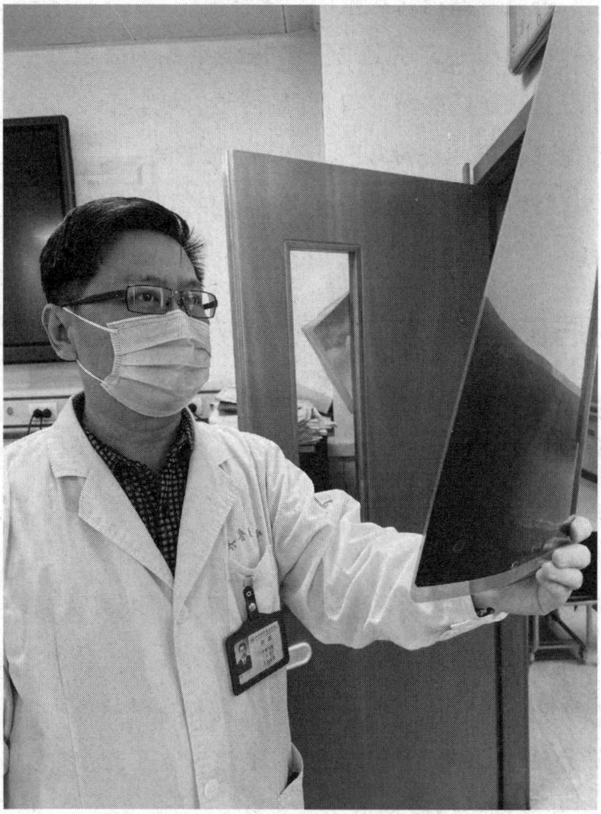

认真查看患者影像片子

肿瘤患者的守护者，不负信任与生命所托

“面对患者的信任和对生命的渴望，医者唯有以仁心仁术以待。”刘联坦言，现在由于肿瘤发病率高，肿瘤科门诊的患者人满为患，一上午往往要看几十个患者。有很多患者合并多处转移，经历了多次治疗，病情非常复杂，

处理起来也相当棘手。在身兼科室管理、教学科研的同时,刘联在门诊和病房的医疗工作也是异常忙碌,经常连喝口水的时间也没有。“医人先医心,情绪和精神因素会引起神经内分泌变化,导致免疫系统受到严重影响,进而影响肿瘤治疗效果。”刘联表示,学会帮肿瘤患者调节情绪,保持心情开朗、愉快、心境平和,也是肿瘤内科医生的一大技能。

“健康所系,性命相托。”这是每一名医学生步入医学殿堂的庄严誓言,而肿瘤患者在忍受病痛折磨的同时,更是面临着死亡的威胁,因此他们对健康的渴望比其他患者可能更深,更是将满腔希望寄托于他们心目中的白衣天使,希望能减轻病痛,更好地活下去。刘联和团队始终不负每一位患者的生命所托,为每一位患者拥有更好的生活质量而不懈努力着。

承前启后的引路人,“我愿成为承前启后的桥梁”

刘联非常重视每周一次的组会,为此,甚至连饭都顾不上吃,经常和学生讨论问题到深夜,回到家已是凌晨,但他却甘之如饴:“只要患者能受益、学生能进步、科室能发展,这点辛苦算不得什么,我很幸运从事了这个专业,让我能够最大限度实现自己的价值。”

谈到个人生活,刘联的脸上流露出一丝歉意:“我爱人常说我这个人其实根本没有生活可言,工作日天天加班,周末往往又要参加学术会议,日程被安排得密密麻麻。”整日忙忙碌碌,刘联坦言和自己的家人,尤其是需要关心的老人和孩子,都保证不了每天见面。他笑言自己是个“无趣的人”,没什么爱好,脑子里装的都是科研和工作上的事情。

刘联表示,他将秉承齐鲁医院老一辈学科带头人的优良传统,努力攻坚克难,弘扬科室向上向善、追求上进的风气,号召大家凝心聚力、勇往直前,共创齐鲁医院肿瘤内科辉煌的未来。“我愿成为承前启后的桥梁,联结肿瘤内科的过去和未来,为学科的大发展、大突破和青年人才的成长成才鞠躬尽瘁。期待未来能交给青年人一个朝气蓬勃、群英荟萃的学科,让他们继续去实现突破。”

(作者:李宁　王文斐)

神经外科主任李刚

突破大脑“禁区”，不负生命相托

人体的“司令部”——脑，是最为复杂、最为精细、最为神秘的器官，不论何种脑部疾病都有可能导致危及人类生命安全的风险，曾长期被医学界称为“生命的禁区”，神经外科也因此成为既深奥又带有神秘色彩的医学专业之一。如何不断探索未知并突破“生命的禁区”，不负患者的性命相托，是山东大学齐鲁医院神经外科主任李刚从医三十余年一直践行的初心和使命。

悠悠三十载，漫漫行医路，触动神经的医术，戳中心窝的医德，李刚用一万两千余天诠释了一名神经外科医生的责任与担当，他带领神经外科团队用精湛的医术和真诚的仁心，救治了成千上万名患者，诠释出“医者仁心”的深刻内涵，同时推动了山东省乃至全国神经外科专业的发展。

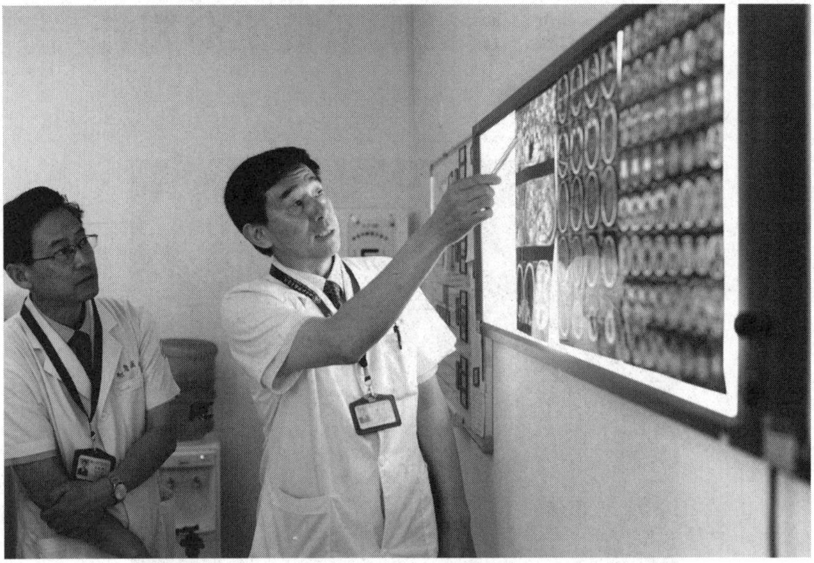

李刚带领大家阅片

理想指路　永不停歇的“追梦人”

“大脑是人体最精密的神经中枢，有1000多亿个神经细胞分布其间，神经错综复杂，功能区交错重叠，一度被医学界称为‘生命的禁区’，神经外科也被认为是‘外科皇冠上的一颗明珠’。”上大学时，大脑的神秘性和外科操作的挑战性，与李刚不服输的精神碰撞出了火花。就这样，神经外科事业成了他毕生的追求。

1988年，李刚从山东医科大学医疗系六年制英语班毕业后成为齐鲁医院一名神经外科的医生，门诊、病房、手术室“三点一线”，李刚每天都在与时间赛跑，与生命赛跑。在李刚看来，一名优秀的医生只有不断地学习，才能跟上时代的步伐，才能与时俱进，而对于“尖刀上起舞”的神经外科医生更应如此，这促使他做出了一个重要的抉择——出国深造。1998～2000年，李刚赴美国康涅狄格州哈特福德医院研修，这使他的技术更加精湛，理念也更与国际接轨。

经过 34 年在临床一线的打磨与洗礼，李刚逐渐塑造出齐鲁医院人浑然天成的工匠精神。他脚踏实地深耕细作，潜心研究，始终严格要求自己，积累了丰富的临床诊疗经验，独立完成了许多难度较大的手术，逐步成为著名的神经外科专家，尤其擅长复杂脑肿瘤如脑干肿瘤、颅底肿瘤的显微外科治疗，对复杂脑血管畸形及复杂脑动脉瘤的手术治疗也有较深的造诣。

利器在手，理想指路。多年来，李刚的临床工作得到了医院及业界的肯定和赞誉，先后荣获齐鲁医院危重病人抢救和优秀新技术奖 10 余项，多次被评为齐鲁医院专业技术拔尖人才，2006 年入选山东省医药卫生系统中青年重点科技人才；2007 年获王忠诚中国神经外科医师年度奖——青年医师奖；2008 年荣获山东省卫生厅“两好一满意活动”服务质量明星，并荣立山东省卫生系统三等功；2015 年获王忠诚中国神经外科医师年度奖——学术成就奖（专业最高奖）；2019 年荣获山东省卫生健康委员会“敬佑生命，荣耀医者”专科精英奖；2020 年被评为山东大学先进医务工作者；2021 年获首届山东省卫生健康系统“鲁卫工匠”荣誉称号和“责任医者”奖项，同年获批“泰山学者攀登计划专家”。

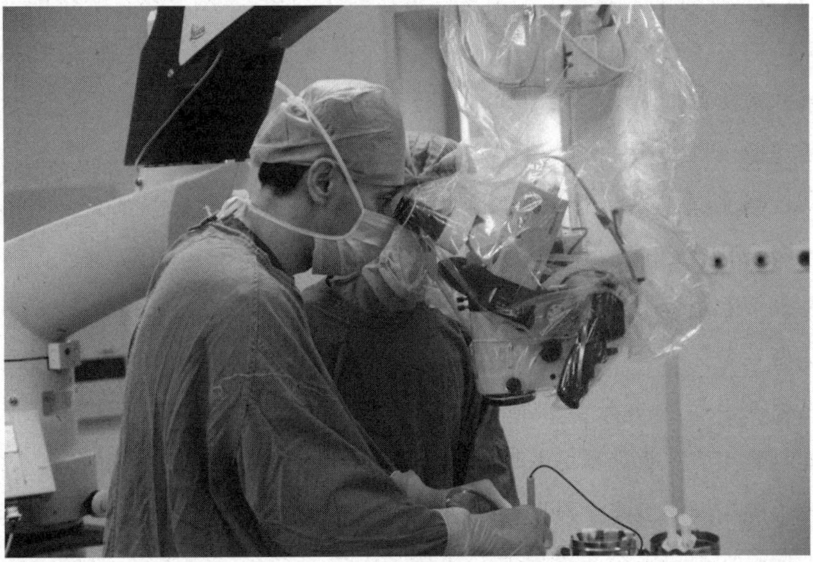

李刚在手术中

突破禁区　手持柳叶刀刻画患者崭新人生

“李主任，您还记得我吗？15年前，是您救了我。我现已定居加拿大，是两个孩子的母亲，有一个幸福的家庭和一份稳定的工作，这次回国探亲就想来看看您，说一声谢谢，我并不是来看病的。”周一早上，如每一个门诊日一样，李刚早早来到神经外科诊室等待前来就诊的患者。宋女士的到来令李刚有些意外和感动，也让他想起了那场手术的艰难抉择与惊心动魄。

2007年，还在读大学的宋女士被确诊为“脑干血管母细胞瘤”。花样的年华、致命的病症，将宋女士和家人推向了绝望的深渊。脑干区域结构复杂，血管、神经核团众多且密集，如果说大脑被称为“生命的禁区”，那么脑干则是外科医生不可轻易触及的“禁区中的禁区”，所以当宋女士找到李刚时，他与团队陷入了纠结，心理压力巨大。

“当时，我们在完善了相关检查后，预估了所有术中可能出现的风险，不断推敲、反复斟酌，最终确定了周密的手术方案。手术历时7个多小时，所幸经过大家的共同努力，手术非常成功。”李刚说，患者家属十分配合与信任他们，这也给了他们迎难而上的勇气。生命高于一切，李刚以精益求精的态度和精湛的技术对待每一位患者、每一台手术，挽救了一条条生命，他把每一台手术都看作是一场生死博弈，他用手术刀践行了救死扶伤的诺言，把对生命的热爱播撒大地。

近年来，李刚率领团队开展了许多创新性的临床新技术，如复合手术治疗复杂脑肿瘤及脑血管病、单侧开颅夹闭双侧颅内多发动脉瘤、神经内镜下经鼻蝶切除巨大垂体腺瘤、脊索瘤和颅咽管瘤等。对于李刚而言，他并不满足只做一名优秀的外科医生，他深知要成为真正的神经外科专家，不仅需要有高超的手术技巧，还需要有攻克疑难病症的探索精神。多年来李刚带领他的科研团队一直从事脑恶性肿瘤的基础与临床转化研究，牵头成立了“山东省脑肿瘤健康医疗大数据科技创新平台建设联盟”和“山东省脑肿瘤生物标本库科技创新平台建设联盟”，搭建了多中心临床转化平台，带领全省同道共同聚焦脑肿瘤相关分子标志物鉴定的关键技术研发和推广应用，在脑胶质瘤液体活检、健康医疗大数据队列建立及微流控设备研发等领域奠定了省内优势地位，并跻身国内前列，对山东省脑肿瘤的精准诊疗事业发展起到了重要推动作用。

2019 年，李刚荣获山东省科技进步一等奖

李刚多年来一直潜心于对医学的研究，并取得了丰硕的科研成果。他先后承担国家自然科学基金面上和重点项目 7 项，国家“十二五”重大科技支撑计划子课题 2 项，山东省重大科技创新工程 1 项，山东省自然科学基金、省科技发展计划等省部级课题 10 余项；获山东省科技进步一等奖 2 项、山东省十大科技成果奖 1 项、教育部科技进步二等奖 1 项、中华医学科技三等奖 1 项和山东省科技进步二、三等奖 9 项及山东省高校优秀科技成果一等奖 2

项。获得国家发明专利14项(已转化4项)、实用新型专利6项,以第一或通讯作者发表SCI收录论文105篇,主编、副主编及参编著作10余部。

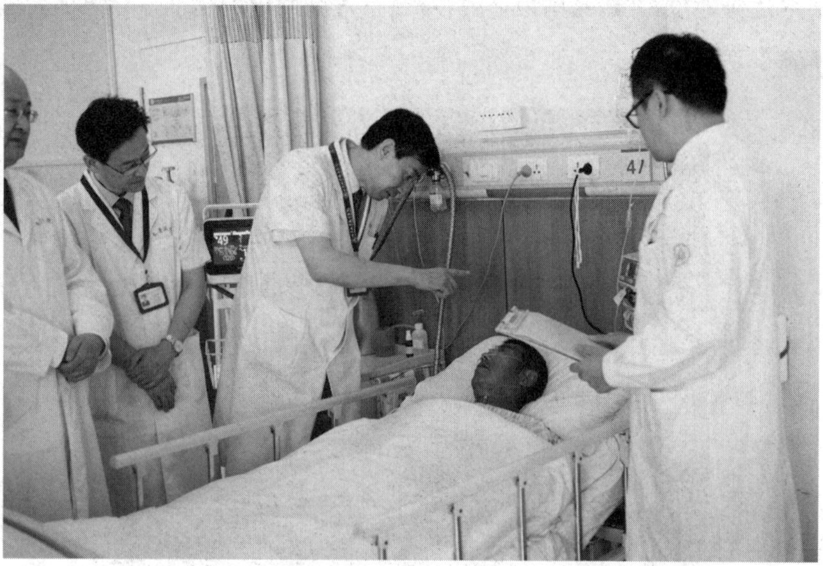

李刚带领团队查房

生命至上　带领团队共铸齐鲁神外辉煌

山东大学齐鲁医院神经外科创建于1959年(彼时叫山东医学院附属医院),是山东省建立的第一个神经外科临床专业科室,经过几代人的不懈努力,目前已跻身全国神经外科的先进行列,连续5年居"复旦大学专科声誉排行榜"第9位。齐鲁神经外科的各亚专业设置齐全,涵盖了神经外科全部疾病,现由神经外科门诊、脑血管病病房、神经肿瘤与小儿神经外科病房、功能与脊柱脊髓神经外科病房、神经外科重症监护室、青岛院区神经外科、神经外科实验室、神经内镜培训中心、神经解剖与显微外科培训中心九部分组成。科室开放床位共计260张(含青岛院区60张),济南中心院区年门诊量4万余人次,年收治患者6000余名,完成各类手术5500余台。

2012年,李刚接过了引领科室发展的接力棒。"担任科主任对我是很大的荣誉，同时也是一份沉甸甸的责任与压力，但我有幸站在了巨人的肩膀上，因此没有理由不努力。”回忆起10年前自己升任神经外科主任时的心境，李刚笑言。雁飞万里头雁带，作为一名科主任、学科带头人，李刚对自己的要求很高，对团队要求也很高。他说，只有不断充实自己、汲取知识，才能更好地为人民生命健康保驾护航。神经外科在李刚主任的带领下，完善了医疗安全制度和诊疗指南，规范了医疗安全指标和术前术中术后质量管理体系，推行了18项安全核心制度，实现了全方位覆盖的医疗流程质量管控，大大降低了神经外科患者的病残病死率，患者的满意度明显提升。

李刚一直叮嘱科室医护人员："患者和家属选择我们，而不去别的医院就诊，这既是对我们的信任，也是我们的荣幸，我们要在手术中追求极致和完美，在护理中追求专业和周到，给患者带来最好的治疗，这也是我们不断努力的动力来源。”

（作者：高丹璎　周翔宇）

超声医学科主任李杰

精准定位，推动超声学科诊疗一体化发展

从不起眼的“辅助”科室，到近几年的快速发展，超声医学科已经成为医院中必不可少的关键科室，超声所能诊疗的范围，由表及里，从头到脚，几乎可以关联到人体的每一个部位、每一个器官。作为医院的骨干学科，山东大学齐鲁医院超声医学科承担着全院的常规诊疗项目、疑难病例会诊和科教研工作，年均接诊 30 余万人，连续 7 年获“复旦大学专科声誉排行榜”提名。

摸清病灶，就像在黑夜中探索，超声却总能“精准定位”，直击病因。传统观念里，超声似乎只是诊断手段，山东大学齐鲁医院(青岛)党委副书记、齐鲁医院超声医学科主任李杰则表示，在诊疗一体化的道路上，超声医学科早已迈出了一大步，正向着更远的道路前进。

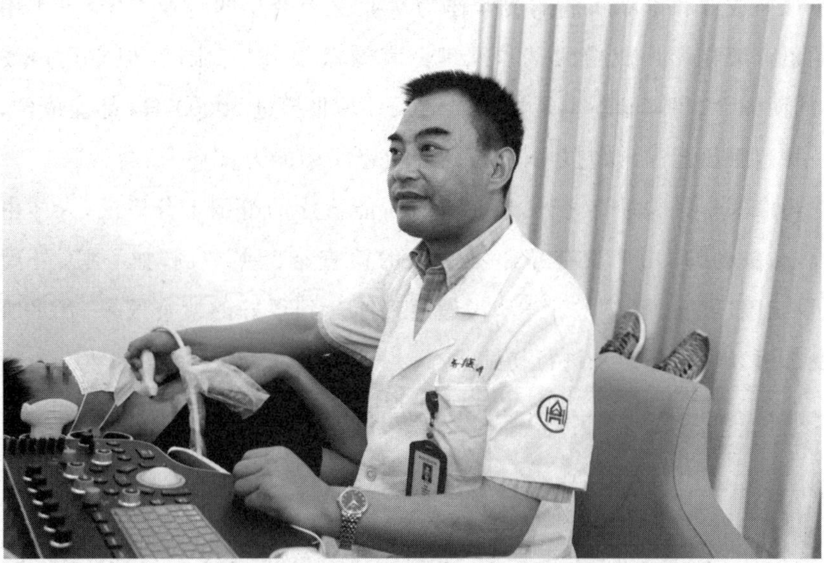

李杰为患者做B超检查

见证超声医学蓬勃发展

在2000年以前，“齐鲁医院超声科”还没有现在的名字，它被认为是一个“辅助科室”，散落在各个科室之中，但随着时间的推移，重要性逐渐提升，它的价值也在日复一日的诊疗中得到体现。李杰记得，超声科成立之初，只有3位医生、1名护士，“当年，很多精兵强将都去了临床大科室，不愿意来这里”。但如今，超声科已是医院17个骨干学科之一，入选医院十大“推动医院高质量发展医疗工作先进集体”，成为山东省临床重点专科。科室现有医务员工67人，其中高级职称10人，博士生导师3人，硕士生导师5人，具有博士学位者18人。

与其他科室有所不同，超声医学科有时显得有些“神秘”，它总是位于“小黑屋”里，医生在身边操作机器，即便知道这个神奇的机器能探入体内寻找病因，但患者却对超声和医生少了几分了解。

我们知道，人耳能听到的声波频率上限为20000 Hz，当超过这一上限时，人耳无法听到，因此超过20000 Hz的声波被称为“超声波”。那么超声波是如何成像和诊断疾病的呢？作为从业三十余年的行业专家，李杰用通俗的语言解释超声成像的基本原理："就像蝙蝠，没有眼睛，但它用声波定位，从而捕食，超声诊断也是如此，当然了，并非超过 20000 Hz 都能成像，只有在特定频段范围内，它才具有穿透特定组织的能力。"

超声医学科的神奇之处，还在于它所能诊疗的范围十分广泛，人体由内至外，从头到脚，几乎没有超声不能做的检查。李杰举例，如心脏、外周血管、甲状腺、乳腺、腹部、妇产等，做超声都能达到很好的检查效果，几乎所有病变都可以通过超声来进行初筛。

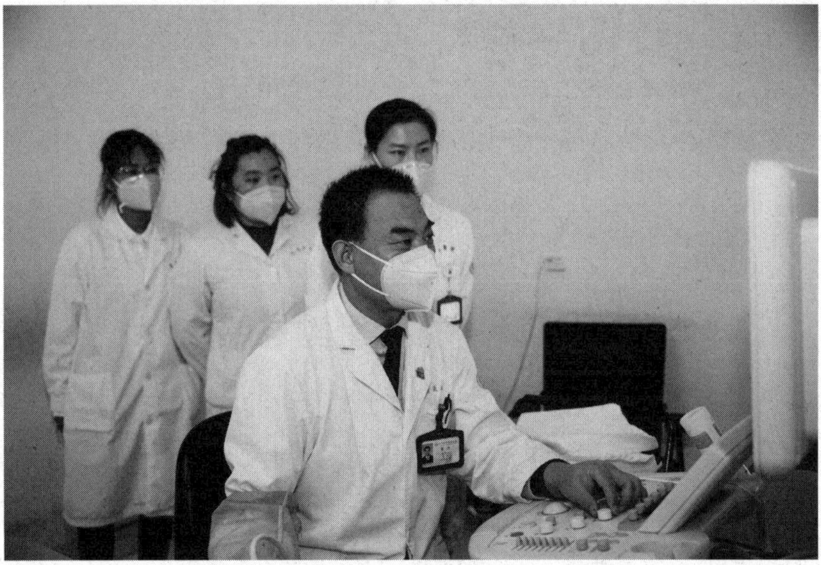

李杰讲解新技术

迈入诊疗一体化时代

李杰介绍，目前影像医学分为三部分，超声、放射和核医学。他坦言，三个领域有着各自的优势和局限性，因此在临床工作中，超声和其他诊断方式常常保持着"交叉印证"的关系，以此提高准确性。

不过，不可否认的是，相比于其他影像手段，超声检查有其独到的优势，它费用较低、方便快捷，没有禁忌，患者可以免受射线的伤害。

在众多患者眼中，超声只是检查疾病的方式，但事实上，其早已迈入了诊疗一体化的时代，并且在这条路上越走越远。当年，在中国人民解放军总医院攻读博士的李杰学成归来，率先开展了超声引导介入诊疗的探索，即在实时超声的监视或引导下，完成各种穿刺活检、置管引流、肿瘤局部消融灭活等操作，达到治疗更精准有效、创口更小的效果。

“任何新技术的开展，都是艰难和危险的探索”，李杰说。他面对的第一位患者，是一位患有肝脏占位的中年人，各大医院都去了，各种影像检查都做了，但都没有获得明确诊断，看到患者无助的眼神，李杰决定给他实施超声引导下穿刺活检以获得病理诊断。“当时我特别谨慎，一遍一遍温习操作规范和流程。”但使用活检枪时，患者因为突然听到枪响而抖动了一下身体，“当时可把我吓坏了，因为穿刺过程患者抖动会引起并发症”。

这一次的经历使李杰明白，即便流程再规范，也很难预料到病人的反应，因此需要做到未雨绸缪。“所以我下次做的时候，就先空打这个枪，让病人习惯这个声音。”李杰说，“做医生，有时候要‘心细如发，如履薄冰’，只有一次次深入总结经验教训，才能快速成长。”

从业多年，他见过太多在生死边缘徘徊的患者，而超声介入治疗也无数次拯救过他们的生命。有一年腊月二十八，一位患有孤立肾合并重度肾积水的中年男士来到医院求助，他因尿液无法排出，身体十分虚弱，生命危在旦夕，在辗转多家医院被拒后找到了李杰：“李大夫，求您一定救救我……”说着，扑通一声跪了下来。

李杰观察到，这位病人身材肥胖，这就意味着他的体壁很厚，加上严重水肿，使穿刺异常困难，手术成功率低、风险大。李杰知道，若再不尽快进行肾造瘘，这位患者将有生命危险。他决定，不管有多大的压力，不管冒多大的风险，也要克服万难将患者从危难之中解救出来。最终，李杰顺利完成穿刺，成功挽救了患者的生命。

“这是职责”，李杰说，“那一刻，医生的神圣使命就会让人忘却一切，只想着治病救人”。

李杰参加学生答辩

科研兴德育　硕果满枝头

2007年，李杰成为超声医学科副主任，2010年晋升为科主任。这一路，他牢记医院精神和院训，“除了治病救人，科室建设和人才的培养也非常重要，再优秀的科室主任，如果没有接班人，都是失败的”。因此，李杰在注重医疗教学科研的同时，不忘培养新人。

据李杰介绍，齐鲁医院超声医学科是全国第一批住院医师规范化培训专科基地之一，连续三年获得“优秀培训单元”殊荣，是全院“优秀专业基地”，还承担着山东大学齐鲁医学院本科生、研究生、留学生的教学任务，共培养本专业硕、博士生50余名。目前，齐鲁医院超声医学团队是山东大学唯一有资格招收超声医学方向博士研究生的导师团队。

除此以外，他非常注重亚专科建设，“比如专业看妇产、甲状腺、肌骨神经，或者是小儿超声等”。李杰认为，每个人的精力都是有限的，因此每一位新到岗的医生都会用三年的时间，在科室内部轮转完成“通识教育”，五年后定下亚专科方向，“我希望他们通过‘通识教育’达到对超声理解的宽度，再在亚专科上达到深度”。

在齐鲁医院，超声医学科身边有许多“百年科室”，李杰觉得，他们能做的就是实现超常规、高质量、跨越式发展，方才对得起医院的培养，对得起患者的信任。

“我们的发展模式是‘一体两翼’，以医疗为主，教学和科研是两个‘翅膀’。”李杰介绍，在超声医学科，科研也是重中之重。目前，团队正在进行关于纳米级超声造影剂和药物递送方面的研究，李杰解释道：“我们血管内皮细胞之间的间隙是 700 纳米，如果超过这个数值，超声造影剂就不能通过血管内皮到达肿瘤组织，我们现在做的是 400 纳米左右，造影剂上携带的药物和基因具有靶向性，可以通过细胞间隙进入到肿瘤这个区域。”就像导弹一样，指哪打哪，这样便能达到“精准治疗”，“比如我们给病人 10 毫升药物，但会分布全身，以后就可以用 1 毫升，全部用在肿瘤区域”。

目前，该课题已获得三项国家自然科学基金和六项省级基金的资助，但依然属于前沿性研究，尚未进入临床阶段，李杰相信，通过行业人士的共同努力，基础研究终究会转变为临床成果，投入应用。

李杰在看片子

“大医”梦想照亮医学之路

谈起从医的缘由，就不得不从李杰的出身讲起。他出生在一个穷苦的农村家庭，父母都是老实巴交的农民，甚至不会写自己的名字。家中兄弟姐妹众多，吃穿都成问题，但父母对孩子读书识字从不含糊，坚持“再穷不能穷教育”。李杰也很争气，在食不果腹的日子里，学习也一直名列前茅。当时，农村缺医少药，李杰的叔叔年纪轻轻便因为延误治疗而不幸离世。这给李杰幼小的心灵烙下深深的印记，他暗自下定决心，长大成人后一定要做一名医生，为亲人们和家乡父老看病，救死扶伤。高中毕业后，他顺利地考入了山东医科大学(现山东大学齐鲁医学院)，从此开始了他的漫漫从医之路。

作为超声医学博士、学科带头人，李杰获得了许多荣誉和奖励——青岛市拔尖人才、山东大学名医体系“杰出医学专家”、山东大学优秀共产党员，以及齐鲁医院榜样人物、科研标兵、医疗医技标兵等，这些荣誉的取得，既是对李杰在医教研等方面的肯定，也是他在从医之路上对业务孜孜以求的成果。但李杰认为，医生要用一生的时间去学习，用一生的时间去开拓，用一生的时间去治愈患者，学无止境，要不停地探索，应当和年轻人多交流，除此外，必不能少的还有奉献精神。

2020年，医院给李杰加了更重的担子，派他担任山东大学齐鲁医院(青岛)党委副书记，兼任超声医学科主任。在此情况下，他在两地来回奔波。“这就需要有奉献精神，但人要有所追求。”李杰说。在全体医护人员的共同努力下，青岛院区超声医学科今年被评为青岛市临床重点专科。

“在齐鲁医院，所有的医生都有一个梦，一个做‘大医’的梦，这也是齐鲁医院人的追求。”李杰说。而他个人，更希望在他的专业范围内，让每一个前来就诊的患者，能“止步于此”，不必在各家医院中来回奔波，因为，他希望自己是那个让患者停下脚步的人。

(作者：王磊　田玉清)

肾内科、血液净化中心主任杨向东

仁心医术，患者心中的“自家人”

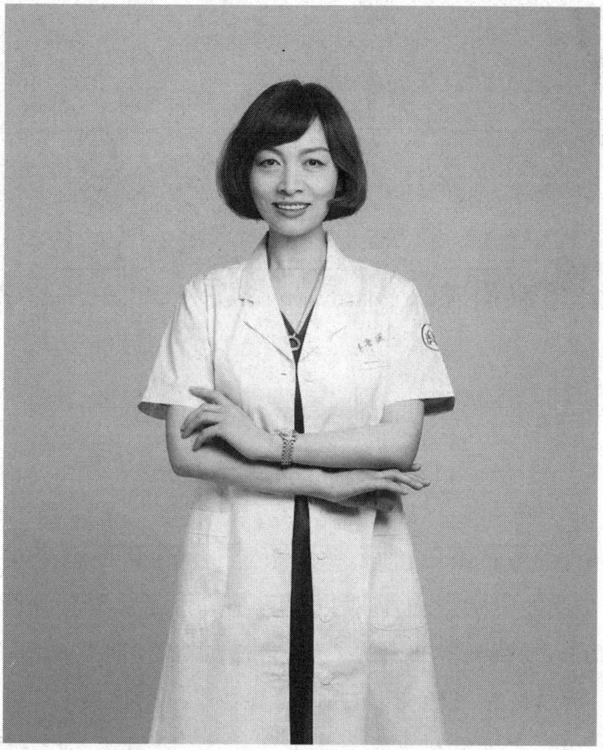

她是同事和学生眼中充满激情的“小太阳”，更是患者心中值得托付的“自家人”。

从医30余年以来，山东大学齐鲁医院肾内科、血液净化中心主任，山东大学内科学教授、博士(后)研究生导师杨向东始终兢兢业业、刻苦钻研、务实进取，用真诚的医者仁心、精湛的专业技术、默默的奉献精神，赢得了领导和同行的赞誉、学生的尊重、广大患者的好评。

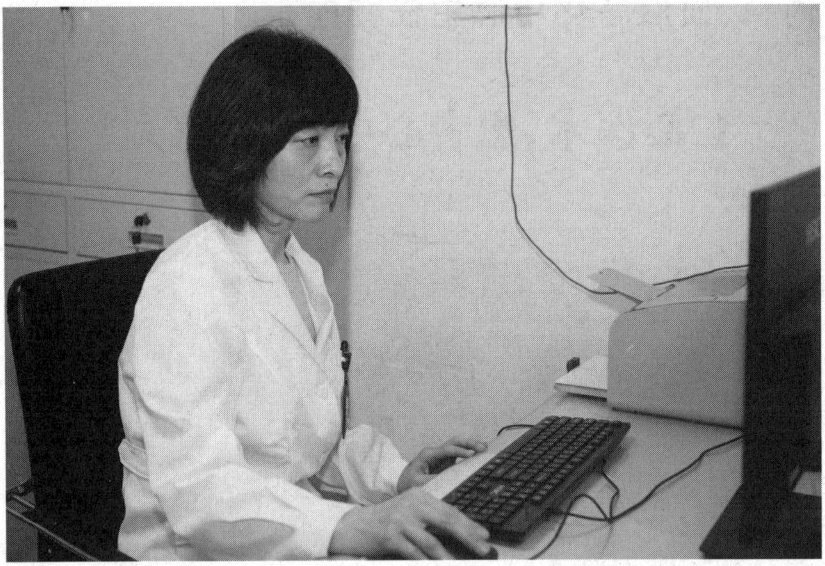

杨向东在工作中

从“兴趣”到“责任”

与不少同行的成长经历相同，杨向东走上从医之路也是在家庭熏陶下做出的选择。“我的母亲是一名儿科医生，小时候经常看着她用小被褥包裹新生儿。久而久之，就觉得医生的工作非常有趣。”杨向东说。1989 年，杨向东从山东医科大学医疗系毕业，如愿以偿地成了一名医生。

如果说“有趣”是激发杨向东学医从医的初衷，那么“被需要”的责任则是支撑其 30 余年从医之路的最大动力。

“既然当了医生，就要当一名好医生。”何为“好医生”？杨向东有着自己的标准——“能在门诊解决的问题，就不要让患者住院；能用一种药解决问题，就绝不用两种；能用便宜的药就绝不用贵的。”作为一名在临床摸爬滚打多年的医生，杨向东深切体会到，为患者提供最经济有效的治疗方案，不仅是对患者的关爱，也是对国家医疗卫生体制改革的支持。自担任科主任以来，杨向东带领科室对预防性用药、辅助性治疗严格控制，对“大处方”现象定期自查，坚持临床合理用药。遇到经济相对拮据的患者，杨向东还会替患者“精打细算”，在保证治疗效果的前提下，最大限度地减少患者的开销，甚至还曾为经济困难的患者垫付过药费。“患者奔波劳累找我看病，我没有理由让他们失望。对患者的贴心，换来的是患者对医生的信任。”

除了诊治患者，杨向东还有大量的科研、教学工作和社会活动，但她始终战斗在临床一线，对从各地慕名而来的患者竭尽所能地认真诊治，尽可能满足患者的诊疗需求。每周二和周四的门诊，杨向东经常是从早上八点一直看到下午六七点才离开诊室，中午只能休息半个小时，午饭时间都非常紧张。“我的患者都非常信任我！”谈及医患关系，杨向东自信满满。

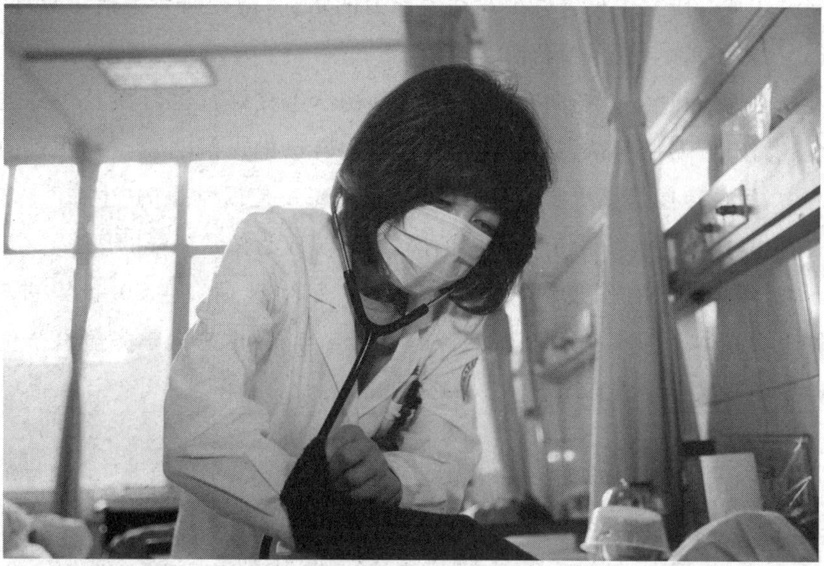

杨向东悉心诊治患者

医德是医学生的“生命”

翻阅杨向东的微信朋友圈，出现最多的是她和学生的合影，以及她对学生的殷切寄语。

作为肾内科领域的知名专家学者，杨向东不仅注重个人能力提升，而且非常重视带教传承，努力培养新时代的医学生。从事医学教育 30 余年，杨向东长期工作在教学一线，承担了山东大学齐鲁医学院临床医学五年制、六年制、七年制、八年制及留学生肾内科专业课程。在本科教学中，杨向东积极参与医学临床教学改革，制定内科临床见习规范，并亲自示范临床见习流程，录制教学查房视频，带领科室带教教师制定实习、见习带教方案，组织集体备课，对年轻医生进行带教培训。

“面对患者我能深深感受到那份以生命健康相托的责任，和学生在一起的时候，我也同样努力践行一名老师的职责。”杨向东说。在教学实践中，杨向东尤其重视临床见习和实习的作用，重视“互动式”教学在见习、实习中的应用，鼓励学生动手操作，锻炼学生临床医学思维，培养学生的医学兴趣。并同时注重对研究生科研思维及动手能力的培养，塑造研究生追求真理、崇尚创新、实事求是的科学精神。

修医德、行仁术。杨向东历来特别重视学生良好行医习惯及医德的养成，以身作则，循循善诱，鼓励学生勇敢表达自己的见解与观点。在杨向东的心中，医德传授是最重要的一门课程，更是每一位医学生的“生命”。多年来，杨向东的学生也纷纷走上不同的岗位，逐步成为像她一样的医生。

截至目前，杨向东已培养博士研究生 10 人、硕士研究生 50 余人，并有 1 名博士后在读。杨向东分别于 2017 年、2021 年获“山东大学齐鲁医学优秀教师”“山东大学优秀临床教师”等荣誉称号。

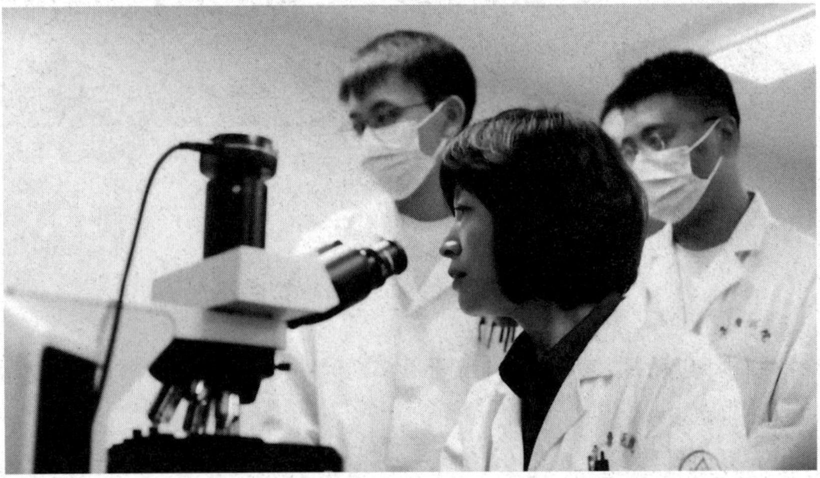

杨向东带领学生做课题

科研是医生的“必修课”

“一个只会看病的医生最多是‘一方名医’，只有从临床中思考问题，去探索、研究并解决问题，才能最终成为‘一代大医’。”杨向东这样说。

近年来，我国糖尿病肾病发病率逐年增高，由糖尿病肾病导致的终末期肾脏病患者数量巨大。糖尿病肾病发病机制复杂，免疫炎症反应是糖尿病肾病发病机制中的核心环节和研究热点。杨向东带领团队首次发现新型免疫调节因子 Tim－3 在糖尿病肾病免疫损伤中的作用及机制，填补了此领域的研究空白。

急性肾损伤发病率高、病死率高、危害巨大，目前诊断方法存在明显的滞后性，需研发简洁准确、方便操作的检测手段。对此杨向东率领团队开展了急性肾损伤早期诊断标志物筛选及其预警和预测模型的临床应用等工作，以实现快速、敏感、准确的急性肾损伤早期诊断和疾病鉴别，从而预测个体患者的病程发展及治疗效果，以最终实现疾病的个体化治疗。

多年来，杨向东先后承担了国家自然科学基金面上项目 4 项、山东省重点研发计划项目 1 项、山东省自然科学基金 3 项、山东省科技发展计划等省部级课题 10 余项；以第一完成人获山东省自然科学二等奖 1 项、山东医学科技进步二等奖 1 项，以第二完成人获山东省科技进步二等奖 1 项、三等奖 1 项以第一或通讯作者发表论文 60 余篇，其中 SCI 收录 50 余篇；参编著作 4 部，参与国内指南和共识共 10 余项。

作为国家临床重点专科建设单位学科带头人，杨向东还十分注重完善医疗制度、提升科室专业技能。她牵头设立了肾脏病危重症治疗室，带领科室提高肾穿刺、血液透析、腹膜透析、血液滤过、血浆置换等技能水平。

此外，杨向东还着眼于未被满足的临床需求，深入思考实践，牵头成立“山东省健康管理协会肾脏健康管理分会”、山东省腹膜透析联盟及培训基地，搭建了肾脏病多中心诊疗平台，带领全省共同致力于慢性肾脏病一体化诊疗，加速推广腹膜透析在省内的广泛应用，在糖尿病肾病、遗传性肾病、肾脏病理、腹膜透析等领域奠定了省内优势地位。

前行有方向，脚下有力量。杨向东30余年来对崇高医德的坚守、对学术前沿的探究深深诠释着一名医者救死扶伤、为民服务的初心使命，更为学生们树立了可亲、可敬、可学的榜样。

杨向东和学生在齐鲁医学院

（作者：周翔宇　王然）

妇产科主任宋坤

用爱与责任护佑孕产生命线

每周一、三手术，周二、四上午门诊，每周固定两晚进行科室会议和业务学习，主持疑难危重病例的讨论，不定期主持或参加学术交流，给学生定期开组会交流工作……这是妇产科医生宋坤的日常。作为山东大学博士研究生导师，山东大学齐鲁医院妇产科主任、肿瘤妇科主任、妇产科教研室副主任，齐鲁医院妇产科第一党支部书记，宋坤一直为完成自己救死扶伤的梦想

努力着。宋坤常说自己在齐鲁医院只是一名普通的妇产科医生，但他深知，在推动学科发展、挽救患者生命、呵护母婴健康的道路上，自己重任在肩。

宋坤和团队成员们

矢志不渝　逐梦从医之路

从医 20 多年，宋坤帮助过无数女性患者解除病痛的困扰，解决过大量的妇科疑难杂症，他为人谦逊低调，执着于妇科手术技术的钻研和探索，用爱心与责任带领团队向前发展。宋坤谈及自己从医的初衷，是儿时对白衣天使救死扶伤的崇敬，而选择妇产科，则多是受师长的影响。

大学时，宋坤受教于山东省著名妇产科专家黄宗诚教授。知识渊博、满腹经纶的黄宗诚教授不仅讲解书本上的专业知识，还传授书本之外的临床经验；不仅教学生如何做人，更深入阐释做医生必备的医德修养。“黄老师的学识和风范深深触动了我。”那时起，宋坤就暗下决心以后从事妇科肿瘤专业，做一名黄教授那样的好医生。

2001 年，宋坤如愿考入山东大学医学院，在妇产科专家孔北华教授门下继续深造。孔北华教授治学严谨，勤勉敬业，不仅是一名医学专家，更是一名医学教育家，培养的学生遍布海内外，桃李满天下。宋坤在孔北华教授门下得到更深层次的医学熏陶，经过硕博连读5年的研究生培养后顺利留在山东大学齐鲁医院工作，踏上了自己的从医之路。

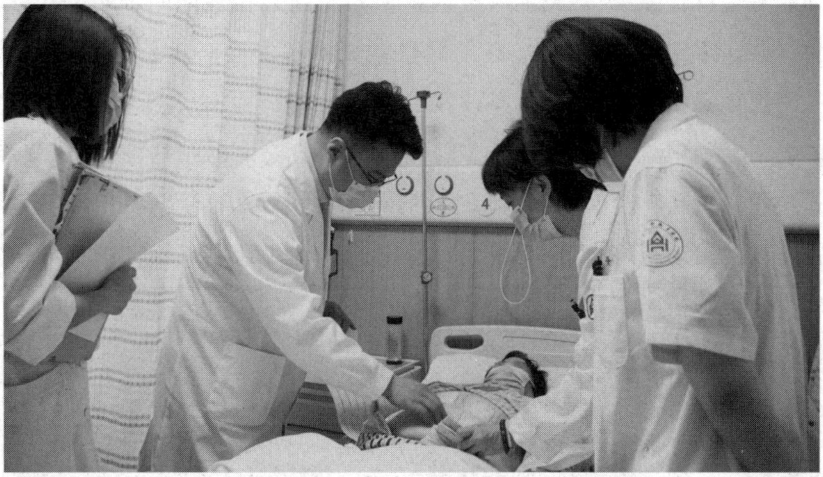

宋坤检查术后患者

仁心仁术　护佑患者生命

“见彼苦恼，若己有之。”医学不仅是一门科学，还需要医生有人文关怀。宋坤刚入职时曾有一名小患者叫笑笑，这是一个仅有8岁的小女孩，却被确诊为卵巢恶性肿瘤。因为年纪小，被病痛折磨的她有些抵触医生的治疗，一度让身为主管医生的宋坤一筹莫展。医者父母心，宋坤希望能打开孩子的心门。一天，他路过泉城公园，看到门口有小商贩在卖风铃，色彩斑斓的风铃在风中发出悦耳的声音。于是他花5元钱买了一串风铃带回病房送给笑笑，接过礼物的笑笑非常开心。当宋坤再一次来到病房时，小姑娘对他露出了笑脸：“老宋，你来给我抽血吧！”这件事给宋坤留下了深刻的印象，也让他体会到要学会换位思考，要多为患者着想，不能让患者有“求医”的感觉，只有主动去帮助患者，才能赢得他们的信任，最终共同战胜疾病。从那以后，宋坤开始真正把患者当亲人，想病人之所想，急病人之所急，用仁心仁术诠释着医者大爱。

宋坤主要从事妇科良性、恶性肿瘤如子宫肌瘤、卵巢肿瘤、子宫颈癌、子宫内膜癌、卵巢癌的诊断、手术、化疗综合治疗等，为达到最好的治疗效果，宋坤非常重视腹腔镜、宫腔镜等微创技术的应用。在宋坤的带领下，医院妇产科团队注重创新，近年来开展了妇科常规疾病的经脐单孔腹腔镜手术以及经阴道单孔腹腔镜手术；为有效救治疑难危重妇科肿瘤患者，先后开展了腹腔镜下宫颈广泛切除术、外阴癌腹腔镜下腹股沟淋巴结切除术、免气腹悬吊式经阴道单孔腹腔镜手术等新型、疑难术式；针对年轻患者，开展了保留生育功能的治疗新技术，在有效治疗肿瘤的同时达到了“保育”的目的，造福了广大妇科肿瘤患者，获得了社会的充分肯定。

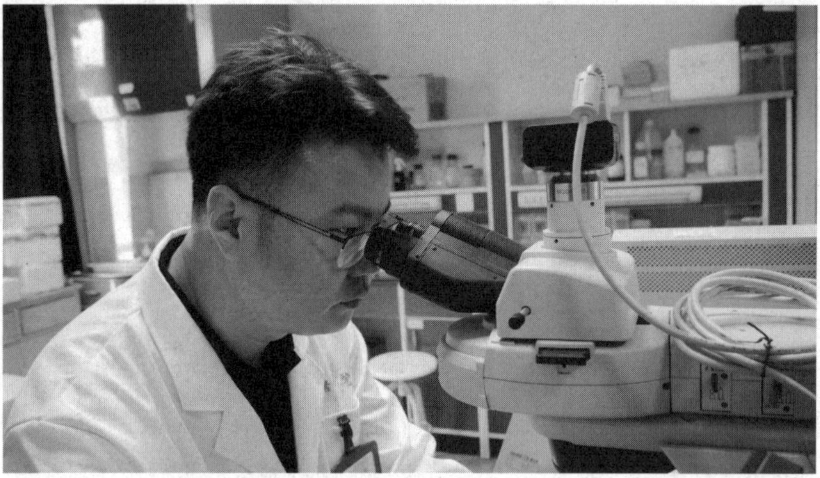

宋坤在做科研

科研求索　建立随访体系

宋坤专注于学科的发展和技术的精进，希望看到患者的生存率和生活质量能够不断提升。他积极参与国际国内临床研究，目前科室有100多项高质量临床试验正在进行或即将完成，他和同事们也正在为学术成果的转化不断努力着。在妇科肿瘤研究方面，科室早在2010年就建成了全国最早、最规范的标本库和患者随访系统，目前标本库样本有1万多例，患者随访率达到90%。宋坤指出："很多人认为妇科手术最关键，但其实注重随访、尽早发现复发、及时进行治疗同样重要，因此我们安排了专职团队致力于患者随访和临床研究工作，最终还是希望患者能获益。"

宋坤认为钻研学术要避免"闭门造车"，要多走出去开阔眼界，与国际接轨，同时，科研成果要与临床相结合，才能帮助更多的患者战胜疾病。他先后在加拿大阿尔伯塔大学、美国纪念斯隆·凯瑟琳癌症中心、日本京都大学附属医院担任访问学者，并把学到的最新技术带回国加以推广。迄今，宋坤作为课题负责人主持国家重点研发项目课题1项，国家自然科学基金3项，其他课题4项；发表中英文学术论文51篇，累计获得省部级科技奖3项，获得国家发明专利5项，国际专利1项。

援助新疆　结出硕果累累

宋坤长期致力于促进同行交流，带动行业发展。他常参加学术活动，还带领团队开展义诊、公益宣讲活动。2013年4月，宋坤响应党中央援疆工作号召，赴乌鲁木齐新疆生产建设兵团总医院，担任兵团总医院妇产科挂职主任。在疆工作期间，他克服水土不服等情况，充分发挥自身优势，扎实工作，协助兵团总医院开展了新技术、新业务，圆满完成了援疆任务。兵团总医院妇产科之前并未开展宫腔病变的宫腔镜诊治工作，严重制约了其临床水平。援疆期间，宋坤向医院申请采购了等离子宫腔电切镜工作站，带领妇产科医生开展了子宫内膜息肉、黏膜下肌瘤、子宫颈肌瘤、功能失调性子宫出血等宫腔疾病的诊治工作，填补了兵团总医院该领域的空白。

在援疆的4个月里，宋坤参加偏远地区下乡医疗活动8次，在9家师级、团级医院开展医疗工作，接诊患者数百人，实施手术10余台次，开展业务讲座3次，与兵团医院其他援疆专家一起，为新疆偏远地区的患者提供了优质的医疗服务。同时，他还格外注重教学工作，援疆期间与科室年轻医生签订了带教合同，指导他们的临床业务学习，为兵团医院留下了一支"带不走"的医疗队伍。

科室开展学科讨论

赓续传承 推动学科发展

山东大学齐鲁医院妇产科为国家重点学科，是国家重点临床专科建设单位，为全国首批博士学位授予点，在全国具有重要的学术影响，多年来为全国培养了大量优秀的妇产科专业人才。在齐鲁医院妇产科，医生除了临床工作外，还承担着教学任务，他们既是医生也是老师。齐鲁医院妇产科为病人着想和对工作负责的优良传统，在老师和学生之间代代传承，演变为一种“文化基因”。创新宽容、拼搏进取，也是宋坤继承自前辈的优良作风。

宋坤一年平均做300台手术，复杂的手术一站就七八个小时；每天7点半上班，晚上10点多下班是他工作的常态，有时候甚至到凌晨才能到家；宋坤妻子也十分忙碌，两人同时在家的机会很少，孩子也只能由老人照顾。

作为老师，宋坤对自己的学生很严格。他力求完美，不允许自己犯错，“言传身教，身教有时大于言传”。宋坤说：“我最大的成就感来自自己培养的学生，希望能培养出更多优秀的医生，救死扶伤、造福患者。”这是一名医生的坚守和初心，也是一名老师的殷切期盼。

（作者：高丹瓔　赵永鑫）

检验医学中心主任张义

精准检验为生命把关，多向发力谋学科发展

在山东大学齐鲁医院检验医学中心，有一支这样的队伍：他们在实验室里用细心、耐心为临床医生提供精准有力的诊断依据，在新冠疫情期间，他们作为“侦察兵”冲锋在前，体现了检验人的责任与担当。检验医学中心主任张义作为学科带头人，深度谋划学科发展，倾力打造产学研用一体化发展的检验学科。

入行 30 多年，做有温度的检验人

1989 年，张义本科毕业开始从事检验工作，如今已是医学博士，山东大学教授、博士研究生导师，山东大学齐鲁医院检验医学中心主任。张义表示，从事这项工作越久，对它就越有感情，职业就变成了事业。

很多人认为检验科就是与仪器、试管打交道，其实不然。张义说，检验与临床的关系要比人们想象得紧密得多。检验为临床服务，中心任务是为临床和患者提供准确、及时、有效的检验结果。从业之初，张义就希望自己成为一个有温度的检验人，在技术上精益求精，归根结底是为了更好地服务病患。

张义擅长生物标志物的筛选及转化应用、肿瘤及感染性疾病分子诊断。他兼任山东免疫学会免疫技术与标准专业委员会主任委员、山东省医学会检验学分会候任主任委员，中华医学会检验分会委员、中国医师协会检验医师分会委员、中国医学装备协会检验医学分会副会长、中国医促会基层检验标准化委员会副主任委员、中国中西医结合学会检验医学技术学术委员会副主任委员、中国研究型医院学会生物标志物分会常委职务等，还是《医学检验与临床》杂志副主编，《中华检验医学杂志》《中华临床实验室管理电子杂志》《国际检验杂志》《标记免疫学杂志》等编委，*Molecular Cancer* 等 SCI 杂志审稿专家。

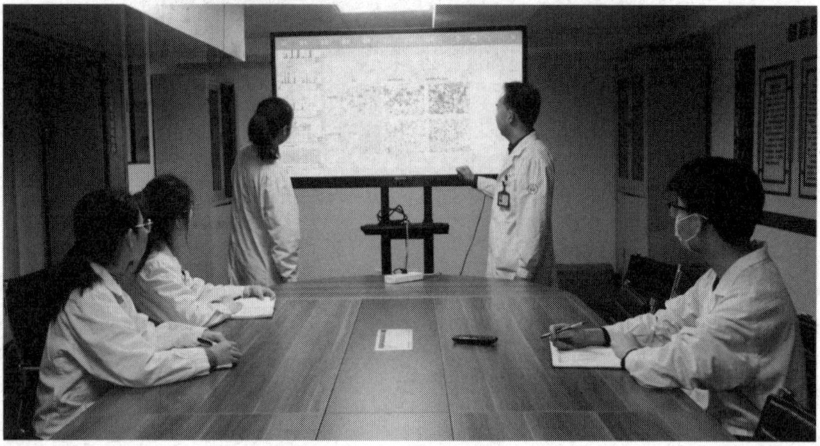

张义带领学生开展讨论

勇攀高峰，学科影响力不断提升

山东大学齐鲁医院检验科始建于1908年，经过几代人的传承，发展成为专业齐全、服务全面的检验医学中心，科室的发展脉络凸显着百年积淀的厚重。1921年检验专家于复新教授发明的“于氏环状试验”享誉国内外，学科于1996年获批临床检验诊断学硕士点，2002年获批临床检验诊断学博士点，是国际标准化组织ISO15189认可的医学实验室、首批“国家临床重点专科”建设项目单位、国家首批“肿瘤诊断与治疗高通量基因测序技术”试点单位，也是“山东省医药卫生重点实验室”、山东大学“十三五”重点发展学科，曾获评“中国十大优秀检验科室”。

作为科室主任，多年来，张义紧跟国际检验医学领域的发展趋势，持续学习新知识新理论，带领团队不断开展新技术，提高技术水平的同时也进一步提升了学科在全国的影响力。

学科秉承“准确及时、科学管理、创新发展”的方针，在临床工作、教学科研以及现代化管理等方面始终保持国内一流地位，多年来位居复旦大学医院管理研究所“中国医院最佳专科声誉排行榜”前列。

张义在工作中

建设平台,精准诊断走上快车道

“临床诊疗离不开精准检验,检验已经进入精准化新阶段。”谈起检验医学,深耕这一专业领域数十年的张义打开了“话匣子”。近年来,肿瘤等慢性病的发病率越来越高,精准医学的发展使得基因个体化检测技术的需求愈加迫切。张义带领团队开展了一系列分子诊断的新技术,尤其是对靶向药物敏感基因的热点突变位点进行检测,对临床疾病的诊疗起到了规范作用,对临床诊疗水平的提高起到了重要的支撑作用。

医院围绕精准诊断,建设了布局规范合理、仪器设备先进、开展项目齐全的分子诊疗中心,拥有一代、二代、三代测序,液相色谱串联质谱,核酸质谱,流式细胞仪,数字 PCR 等技术平台,并集成生物信息学大数据分析平台、生物样本库资源平台。

借助平台,除了精准靶向诊疗检测,张义团队还进行生物标志物筛选,疑难、罕见病的基因检测以及液体活检等,在肿瘤、生殖健康、不明原因感染性疾病和单基因遗传病诊断等临床诊疗中的作用越来越凸显。比如,之前一名患者出现无明显诱因反复发热,在地方医院多次治疗无效。体温一度最高达 39.6℃,后来医院就诊,经过测序平台检测,最终发现了一种与感染性心内膜炎相关的罕见致病菌,属于心内膜炎伯杰氏菌的一个新的菌属细菌。这一发现扩充了病菌数据库,为临床后续该类疾病的诊疗提供了精准指导。

责任担当,多次立功的援疆医生

近两年,核酸检测成为常态化疫情防控的重要部分。作为党支部书记,他始终秉承“我是党员我先上”的理念,带领大家奋战在一线,凸显了检验人员的责任与担当。在历次疫情防控援助任务中,从武汉、北京、新疆,到山东省的威海、青岛等地,都有检验医学中心派出人员的身影。他们承担了大量核酸检测任务,迅速提升了当地的检测效率,工作中还对当地工作人员进行培训，提升了检测水平，得到了当地领导部门的肯定，充分展现了齐鲁人的责任担当，彰显了齐鲁医学传承百年的家国情怀。

随着疫情的变化，标本量不断增加，执行核酸检测任务的同志们已经习惯了一上岗就立即切换到“战斗”状态，他们常常要加班到快天亮才能到家。张义告诉记者，他们每天的核酸检测主要包括全员核酸检测、封管控区、应检尽检、愿检尽检、住院患者及陪人、急诊患者及家属、发热门诊患者、医院职工等医疗和社会需求，“目前仅医院内每天要检测约 2.5 万人次，有时实验室一天完成近万管核酸标本的检测，相当于 20 万人，这对检验人员来说无疑是巨大的挑战，但我们每次都出色地完成了任务”。

2016 年，张义在新疆维吾尔自治区人民医院

2016 年，张义在新疆维吾尔自治区人民医院挂职副院长，援疆一年半时间里，他去多地做学术讲座，将前沿理念、技术传送到基层医院，培养了一批学术人才，张义也被评为中组部“第八批中央和国家机关、中央企业优秀援疆干部人才”、优秀援疆专家，记三等功一次；山东省卫生计生工作先进个人，记三等功一次。张义至今仍然是新疆维吾尔自治区人民医院检验科的名誉主任，双方保持着深度的交流和合作。

张义在做实验

学科发展，产学研用促传承

作为学科带头人，张义不断开拓进取，认真钻研专业理论知识，带头吸收、消化国内外新技术。他先后主持国家自然基金面上项目及省部级课题 16 项，发表相关研究论文 50 余篇，其中 SCI 收录 30 余篇，获教育部及山东省科技进步奖 4 项，国家发明专利 7 项，主编/副主编著作 4 部，参编全国高等院校规划教材及高校素质教材等 8 部。

学科发展离不开人才，张义尤其注重对青年骨干人才的培养。目前科室拥有专业技术人员 141 名，其中博士 35 名、博士后 11 名，有国外研修经历者 15 名，齐鲁卫生与健康杰出青年人才 3 名，山东大学齐鲁医院杰出青年人才 1 名。张义还承担了研究生和本科生的教学任务，已培养硕士研究生、博士研究生 20 余名。

山东大学齐鲁医院检验医学中心已发展成为一个集医疗、教学、科研、保健为一体的综合性学科点，亚专科齐全，并设有分子诊断中心、样本采集中心、标本处理中心等。中心在张义带领下获批生物标志物与人工智能应用山东省工程研究中心、分子标志物与转化医学山东省医药卫生重点实验室等。张义表示，接下来，中心将进一步强化亚专业，凝练出具有自己特色的技术；同时，以临床需求为导向，结合基础研究，加速成果产出转化，推动学科全面发展。

（作者：王磊　田玉清）

普外科主任张宗利

披肝沥胆，医者仁心

有人说，用自己的左手温暖自己的右手是一种本能，而用自己的双手去温暖别人的双手是一种奉献。山东大学齐鲁医院普外科主任、肝胆外二科主任张宗利就是这样一位时刻胸怀大爱、把患者当亲人、把奉献当责任的好医生。从事普外科专业三十余年，经他救治的患者遍布全国各地，他用精湛的医术挽救了无数患者和家庭；他在身患癌症后与时间赛跑，努力在有生之年让更多患者重获新生；他对患者全心投入、披肝沥胆，用医者仁心谱写出一曲无悔的生命赞歌。

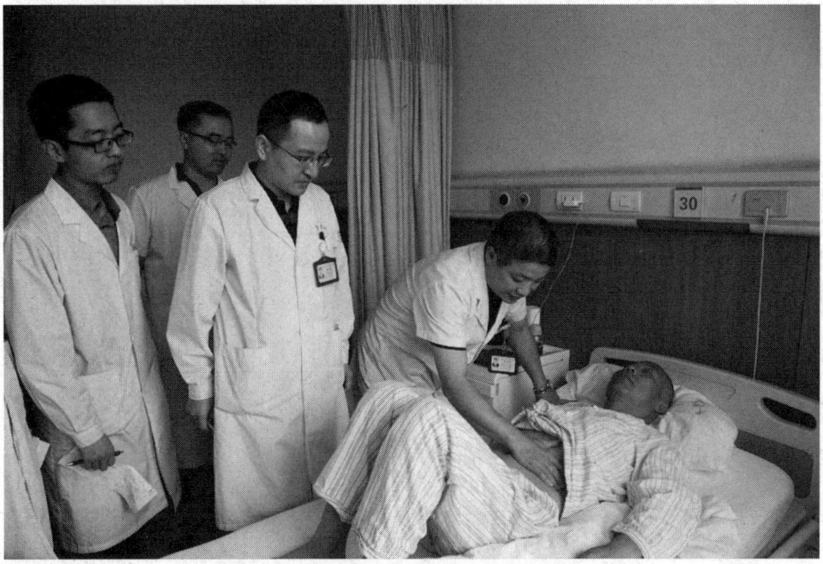

再忙再累，张宗利也坚持每天查房

尽职尽责，挽救无数家庭

张宗利学医的初衷是因为母亲，“十几岁的时候我母亲生病，也不知道是什么病，就看到她一天天消瘦下去，没多久就去世了。悲痛之余，我很想弄明白到底是怎么回事，所以就学了医”。从那以后，医学梦就像一盏明灯，时刻照耀着张宗利努力的方向。

张宗利在学习中发现，肝胆外科遇到的病情十分复杂，难度系数高，术后处理困难，被誉为普外科中的“皇冠”，更具有挑战性。“我们国家很多院士都是肝胆外科专家，他们为推动医学发展做出了重要贡献，是我学习的榜样，我也希望像他们一样，能做出更大的成就。”最终，张宗利选择了肝胆外科，在山东大学齐鲁医院一干就是三十多年。

尽管当年没能亲自解除母亲的痛苦，从事肝胆外科的张宗利却在手术台上挽救了无数个家庭。近年来肝胆胰部位成为癌症多发区，发病较隐蔽，一旦发现往往病情严重，手术治愈难度大，这些都考验着肝胆外科手术医生的技术与经验，要求医疗技术不断提高发展。为此，张宗利不断坚持学习，引进和发明了许多新理念、新技术，造福了无数患者。

张宗利除了坐诊、手术、查房，周末还要参加国内、省、市的学术活动，与此同时，他还要带研究生、参加医院会议、下乡帮扶……即便工作再繁忙，每天一早一晚两次查房，张宗利都会坚持参加。在他看来外科医生不是只做手术的“工匠”，一名好大夫更要心里时刻装着患者。张宗利几十年如一日，每天早晨 7 点到达病房，带领大家查房，有时候，结束一天的手术、门诊时已经是晚上八九点钟，他还要再回一趟病房，再查看一遍患者才能放心。在张宗利眼中，只要有患者在，就没有节假日，一年 365 天他几乎没有休息过，2022 年大年初一，他也依然坚守在病房。

张宗利带领团队讨论患者病情

踔厉奋发，引领学科发展

从医三十余年，张宗利在复杂肝脏肿瘤、门静脉高压症、肝门部胆管癌、复杂肝内外胆管结石及胰腺肿瘤的外科手术治疗方面，进行了深入的研究，积累了丰富的治疗经验，特别擅长胰十二指肠切除术等复杂手术，对于复杂胆道系统肿瘤，逐渐形成了一整套精准科学的诊疗体系。

2020 年 12 月，张宗利成为山东大学齐鲁医院普外科主任，带领拥有 8 个病区、10 个亚专业、120 多位医生、200 名护士、床位数量占据医院十分之一的大科室，他深感责任重大。居安思危，思则有备。作为科主任和普外科第二党支部书记的张宗利肩负着深深的使命感、紧迫感、危机感，他不辱使命，勤勉工作，通过党建引领和学术带头的双融合，带领科室全体医护人员不断拼搏，临床工作一年一个台阶稳步提高，处理疑难危重症的能力明显提升。

近年来，微创成为外科手术发展的趋势，在张宗利看来，微创应该是贯穿在术前准备、术中操作、术后管理的全过程，为患者制定效果最好的治疗方案，不能“为了微创而微创”，要真正为患者设身处地地着想。在张宗利的带领下，团队一直秉承“精准医疗”的理念，为患者减少并发症，缩短住院时间，降低医疗费用，获得患者及家属的一致好评。目前，普外科的年门诊量已达 17 万余人次，年收治住院患者 1.6 万余人次，年救治急危重症和疑难病患者 3000 余例，全年手术 14000 余例，平均床位使用率达 107%。

医学的发展和进步离不开研究和探索，通过不断的科研才能在临床上救治更多的患者，一直以来张宗利十分重视科研工作，他强调，每一个病种都要有搞科研的人，这样才能带领团队一起向前发展，去年医院的十大科研项目中，普外科就占了 3 个。近 5 年来，普外科承担国家级课题 33 项、省部级课题 67 项。SCI 收录文章 446 篇，影响因子 5 分以上的 60 余篇，同时还参加了国家众多指南和共识的编订。在“2020 年复旦大学医院管理研究所公布的医院专科排行榜”上，普外科获华东区医院专科声誉第五名的佳绩，带动了全省及周边省份医院普通外科的发展。

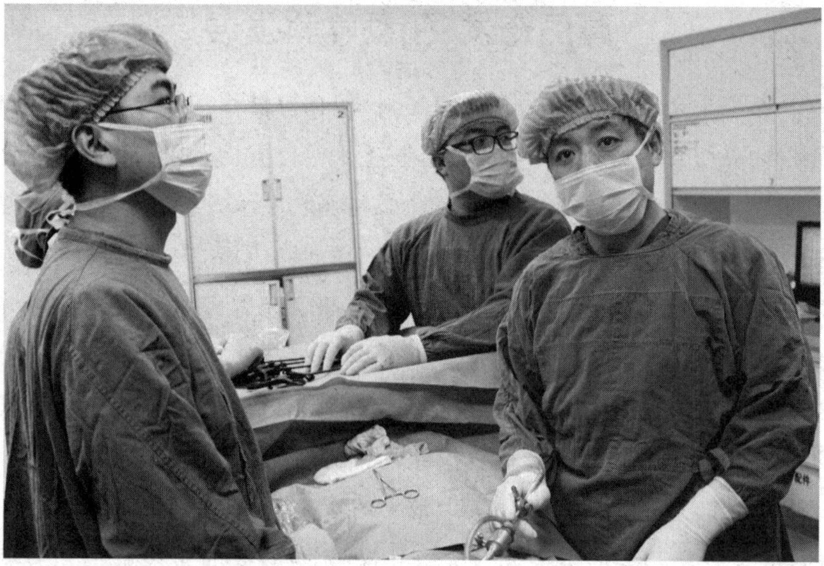

张宗利在手术中

攻坚克难，挽救更多患者

据张宗利介绍，在世界范围内胆管癌发病率逐年上升。胆管癌早期临床特征不明显，诊断困难，易发生早期淋巴结及肝内转移，复发率高，预后差，大部分患者在确诊时已经失去了根治性手术切除的机会。“确诊几乎等于死亡”，一线化疗药物效果有限，放疗有时难以进行，靶向免疫治疗目前没有明确推荐的药物。即使行根治性切除的患者，5 年生存率也不足 20%。

相比肝癌、结直肠癌等治疗比较成熟的肿瘤，胆管癌缺乏统一明确的治疗药物及规范，面对如此的困境，近年来，张宗利团队致力于胆管癌的基础与临床研究，团队初步积累总结了一套个体化多模式治疗方法，在国际上独树一帜，处于领先水平。除了外科手术，科室还开展胆道肿瘤多学科会诊（MDT），与消化内科、病理科、肿瘤内科、影像科密切合作，给每一个就诊患者规范化治疗。目前已有上百例患者达到良好的治疗效果，5 年生存率大大提高。

为了把成功的经验介绍给更多的医生，张宗利在山东省 16 地市开展关于胆管癌方面的学术交流推广，带动全省为胆管癌的规范化精准化治疗凝聚智慧，达成共识，张宗利还希望通过努力可以把这份共识写入国家指南，挽救更多的患者。

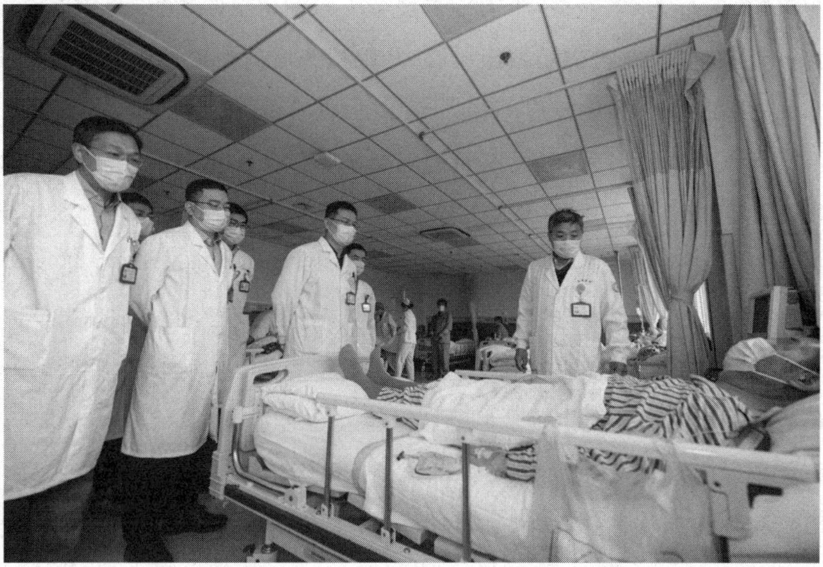

张宗利带领团队悉心查看患者

言传身教，彰显医者仁心

医学事业的发展，需要人才梯队的接续奋斗。张宗利接过上一辈学科带头人的接力棒，立志要把好的传统、好的医术一辈辈传下去，救治更多的患者。张宗利总是教导学生要“先做人、再做事，首先要做一个实事求是、实实在在的人”，他不但严格要求学生，自己更是以身作则。据他的学生刘增利介绍，“张老师经常比我们来得还早、走得还晚，比年轻人还要拼，他对我们的影响是潜移默化的，他还经常会帮助年轻医生进行职业规划，细化专业发展”。

张宗利对待学生也很严格，他常用“明天的你终将会感谢今天奋斗的自己”“奋斗的青春是最美丽的”来勉励学生们。学生们在跟他学习的过程中，各种手术、术后护理，甚至小到如何缝线、如何打结，张宗利都要求十分严谨规范，还时常手把手带教，毫无保留。每周一次的研究生组会，哪怕节假日、疫情期间也是雷打不动的。张宗利不但帮助学生们解决学术中的困难，还带领他们掌握全面的科研方法，发表高水平论文。

“只要患者有一丝希望，张老师都会全力救治。”他的学生回忆，之前接诊过的一个患者怀疑是肿瘤转移至肝脏，开腹探查后其他医生认为肿瘤已浸润周围多个器官，并已发生转移，不主张继续手术，但张宗利认为转移不明显，仍有希望救治，他说患者还年轻，有希望就要试一试。手术历时 6 小时，完成了包括腹膜后肿瘤，部分胃、胰体尾和脾脏及肝脏结节的联合脏器切除，手术范围非常大，但手术切除过程干净、顺利。最后，病理结果显示患者是肝肿瘤转移至腹膜后，这一病例十分罕见。现在患者恢复良好，已经回到工作岗位。

张宗利始终把患者摆在第一位，只要为了患者，他敢于承担风险，而这正是一名医生最宝贵的品质。他把这份担当也传递给每一个学生，多年来，张宗利累计指导培养硕士研究生 25 名、在职博士研究生 6 名，均考入国内知名医院和研究所。他主管科室住院医师规范化培训、专科医师规范化培训工作，作为国家级住培督导员，多次参加各省教学督导工作，取得了丰硕的成果，带动了普外科的发展。

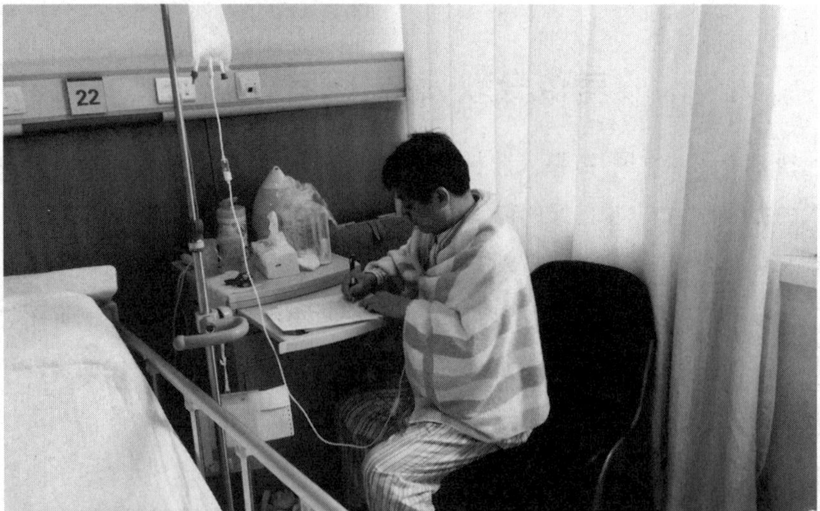

手术刚刚恢复，张宗利拖着虚弱的身体审核病例

罹患癌症，依然坚守一线

令人意想不到的是，2015 年 8 月，张宗利肺上长了一个肿瘤。为安排好科室的工作，张宗利在确诊 50 多天后才接受了手术。手术虽然进行得很顺利，但切除了一个肺段，给他的身体造成了不小的伤害。“我是一名医生，肝胆外科手术比较复杂，还有很多患者在等着我……”心里挂念着患者，想着工作，术后第二天，张宗利就撑着虚弱的身体，坐在病床上审核病历，术后第十天他就回到了病区。别人都劝他多休养一段时间，但他却说：“病区离不开人，患者需要我。”经历这一场手术后，他更加能够体会到患者的痛苦，变得更加关心和体贴患者了。

2019 年，张宗利被中央文明办和国家卫健委评为“中国好医生”，成为齐鲁医院首位获此殊荣的医生。“我是一名医生，也是一名随时被‘上帝’召唤的患者，为了让更多的患者获得新生，在肝胆肿瘤研究上多做一些事，我必须争分夺秒地去工作。”在工作中，他从没把自己当成患者，只想用有限的精力去做更多的事情。他用自己的实际行动和生命诠释着大医精诚，更以身心践行着无私无畏的高尚品质。

（作者：李小诗　尹璐）

心内科主任张澄

“科研立身”铸传奇

在山东大学齐鲁医院，心内科主任张澄是不少同事和患者眼中的“传奇人物”。40岁成为“大科”主任、教育部心血管重构与功能研究重点实验室副主任，以第一完成人身份获得国家自然科学二等奖、何梁何利科学与技术创新奖、中国青年科技奖、教育部自然科学一等奖……一项项惊人的纪录和顶级奖项背后是张澄对“科研立身”观念的笃信，更是对“救死扶伤”天职的坚守。

张澄醉心于科研

“赓续传承”：医学世家走出的青年名医

张澄出生于医学世家，从小耳濡目染治病救人的理念，逐渐对医学产生了兴趣。“五岁之前的时候，我跟着爷爷奶奶一起生活，看到同为医生的爷爷奶奶经常要出急诊，感到医生这份工作真的非常辛苦，但也非常有成就感。”

如果说爷爷奶奶匆忙出诊的背影给了张澄对医生这份职业最初的印象，那么父亲对事业的执着则激发起张澄对医学的热爱。“回到父母身边以后，父亲给我的印象就是‘忙碌’。那个时候，父亲刚刚从国外留学回来，承担着推广国际前沿技术的重任。他白天在医院坐诊，晚上回家还要做彩超研究，几乎都是连轴转。”张澄的父亲张运是我国心内科医学领域的著名专家，也是中国工程院院士。在家庭的熏陶和家人的言传身教下，张澄坚定了学医从医的初心。

1999 年，张澄成功考入山东医科大学（现山东大学齐鲁医学院），学习临床医学。张澄介绍，本科阶段学医科很苦，经常下了晚自习还跑到路灯下去学习，但扎实的基本功和坚实的知识积累为日后从事科研打下了稳固的基础。本科毕业后，张澄继续深造，并且选择了与父亲相同的研究方向，在山东大学齐鲁医学院攻读硕士、博士学位。2006 年至 2007 年张澄在美国贝勒医学院血管生物学实验室学习，成为中美联合培养的博士生，师从贝勒医学院终身教授王兴利。

回首自己的求学及从医经历，张澄并不避讳谈及父亲对自己的帮助和影响。“我的父母都是非常知名的医生，所以他们的光环肯定给了我压力，当然也有机遇，更离不开自身的努力和付出。”确实，院士有很多，院士的孩子里从事医学研究的也很多，但鲜有能做到张澄这样成就的。

张澄口中“不能忽视的个人努力和付出”贯穿着他在国外求学的始终。“一开始租住的房子里有跳蚤，腿上被咬得疙瘩成片；后来换了个房子住，晚上两三点的时候起床，厨房里密密麻麻全是蟑螂。”生活条件的艰苦并未让自己退缩，但科研上的挫折和打击则不断考验着他的毅力与信心。“我本科读的是临床医学，刚开始接触医学基础研究的思路和方法，非常不习惯。最初做的实验几乎都是以失败告终，感觉一无所获，心里也越来越迷茫。”

然而，重重困难都没有真正动摇张澄挑战医学研究高峰的初心。在导师的培养和指导下，张澄刻苦钻研心血管疾病方面的问题，迎来学术研究的“小爆发期”。在短短 5 年内，张澄发表 SCI 高水平论文 23 篇，其中第一作者 5 篇。

2006 年 11 月 15 日，在赴美 10 个月后，张澄应邀在芝加哥举行的美国心脏病学会年会上做大会报告，受到国际同行的高度评价。回国后，张澄继续从事动脉粥样硬化（Atherosclerosis， AS）斑块病变的基础和临床研究，其间发表高水平 SCI 论文多篇，其中发表在《美国科学院学报》上的文章获评“2011 年中国百篇最具影响的国际学术论文”称号。

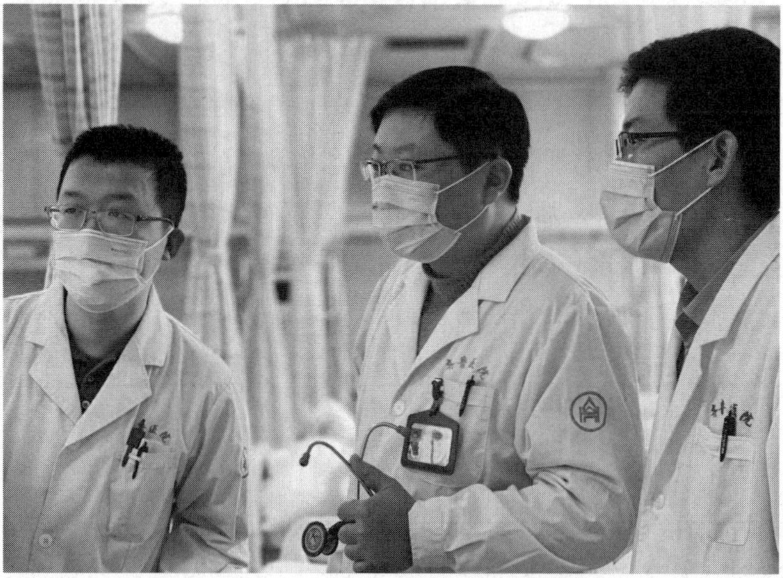

张澄和同事们查房

“青出于蓝” 破格晋升的年轻研究员

2011 年，由于突出的成绩，31 岁的张澄被破格晋升为山东大学研究员，成为山东大学最年轻的正高级教师。

回国后，面对国内心脏病基础研究领域的诸多空白以及与国外先进水平的差距，张澄下定决心，要用深入的研究填补这些空白，他不辞辛苦，结合临床和实验，开展了多项研究。

因其突出贡献，张澄 2012 年成功入选首批中组部青年拔尖人才支持计划、教育部新世纪人才支持计划。美国心脏病协会青年研究者奖评审专家在评审意见中指出：“张澄医师在中国和美国受到了良好的训练，是一位杰出的申请者、一位极有前途的研究者。”

2013 年，张澄当选心血管重构与功能研究重点实验室副主任，同年当选中华医学会心血管病学分会青年委员会副主任委员，成为最年轻的部级实验室副主任和最年轻的中华医学会青年副主委之一。

据了解，张澄一直从事动脉粥样硬化性心血管疾病（Atherosclerosis Cardiovascular Disease，ASCVD）发生机制和干预策略的基础和临床研究，取得了一系列重要进展：首次发现了炎症因子通过 ASK1-MKK4-JNK1-NonO 通路导致胶原代谢紊乱和动脉粥样硬化斑块不稳定的新机制，揭示了尼古丁和血管紧张素 II 通过上调 AMPK-AP2-MMP2 通路导致血管胶原降解和腹主动脉瘤的分子机制，发现了调节性 T 淋巴细胞和他汀抑制动脉粥样硬化炎症反应和稳定斑块的新机制、发现了血管紧张素转化酶 2（Angiotension Converting Enzyme 2，ACE2）和血管紧张素 1-7（Angiotensin 1-7，Ang1-7）对于 动脉粥样硬化早期和晚期斑块、糖尿病性心肌病和糖尿病性肾病的保护作用和分子机制并提出了动脉粥样硬化性心血管疾病治疗中 ACE2-Ang1-7（Angiotension Converting Enzyme 2- Angiotensin 1-7）新轴线的概念，提出了 ACE2（Angiotension Converting Enzyme 2）耗竭是新型冠状病毒导致心肺损伤的关键机制，在新冠感染合并高血压患者的临床对照研究中证明应用肾素-血管紧张素系统抑制剂可显著降低死亡率。

张澄获得 2018 年国家自然科学奖

“铸就传奇”：以科研攻关推动临床救治

2019年1月8日，2018年度国家科学技术奖励大会在北京召开。由山东大学齐鲁医院张澄教授、张运院士、张铭湘教授、张薇教授和山东大学生命科学院苗俊英教授完成的项目“心血管重构分子机制、检测技术和干预策略的基础研究”获2018年国家自然科学二等奖，突破了山东省医学界国家自然科学奖获奖项目空白的历史，年仅38岁的张澄也由此成为该年度国家科技奖励项目中最年轻的第一完成人。

2020年，40岁的张澄成为山东大学齐鲁医院心内科主任，是山东大学齐鲁医院最为年轻的科主任之一。31岁晋升正研究员、40岁成为科主任，回首迄今为止快速进步的从医生涯，张澄坦言学术能力是自己不断进步的最大支撑。

山东大学齐鲁医院作为山东省领军医院，前来心内科就诊的多数患者都是疑难危重病例。面对这些患者，张澄不自觉便会感受到压力，这种压力来源于目前医学对于很多疾病的未知和无能为力，来源于还有太多的事情有待研究。“作为医院内的大科，心内科历来注重科研工作，而高水平的科研也能够更好地指导临床工作。”就在近期，张澄团队连续成功救治两例急性心肌梗死合并巨大室间隔穿孔的高死亡风险老年患者，目前两位患者均已康复出院。连续两例高龄、大面积心肌梗死合并巨大室间隔穿孔的高死亡风险患者顺利度过围手术期，成功手术，康复出院，标志着齐鲁医院心脏重症多学科联合救治急性心肌梗死合并室间隔穿孔治疗水平又上了一个新台阶。

心内科充满了风险和挑战，但挽救患者的生命是激励张澄不断前进的最大动力。在一项项成绩和荣誉面前，张澄始终坚守医者初心，以患者为核心，为让更多的科研成果应用于临床，挽救患者生命而不懈努力着。

（作者：刘艳　谢静）

国际医疗部主任徐广润

肩上有担当，所学为家国

2017年7月31日，来自全国17个省市的500多名中组部第九批援疆干部乘坐两架专机前往新疆开展援疆工作。山东大学齐鲁医院神经内科副主任医师徐广润就是其中一员，他即将在新疆维吾尔自治区人民医院神经内科进行为期一年半的援疆工作。接到任务时，距离他儿子参加高考已不足两年。但是在“大爱”和“小家”之间，他毅然选择了前者。

心中有家国

徐广润对“家国情怀”的认识，要从“家”说起。时间回溯到1981年，经过长达10年的救治，一名获得“全国劳动模范”称号、长期患有三期矽肺的煤矿工人在医院里走完了他人生的最后一程。这名工人的儿子就是徐广润。他从此便暗下决心长大后一定要成为一名帮助患者减轻痛苦的医生。

岁月如梭，白驹过隙。2000年6月，在华中科技大学同济医学院获得神经病学专业医学博士学位的徐广润回到山东，在山东大学齐鲁医院当了一名神经科医生，实现了自己多年来的愿望。

平时，徐广润认真救治每位患者，医院里组织义诊活动，也总能看到他的身影。对此，他只有一个想法：要把自己所学，应用到治病救人中，为更多人的健康提供服务。

随着时间的推移，徐广润的视野不断扩大，由小的“家”渐渐走向了大的“国”，从此，他心底装的不再仅仅是自己的小家。他的目光由近及远，由亲人至所有需要治疗的患者，由内地逐渐扩大并触及至祖国的西北边陲——新疆。

新疆是我国重要的能源资源战略基地，进入21世纪，新疆的战略地位愈发凸显，更需要有大的发展。由于种种因素，新疆相当一部分地区经济水平相对落后。根据国家援疆政策，2017年来自全国17个省市的援疆干部对口支援新疆，以促进新疆社会、经济的发展，以及新疆的安全稳定。医疗卫生人才援疆，为新疆受援地区提供人才和智力支持，使受援地区的患者直接受益，还为当地培养一批技术水平较高的医疗技术队伍。

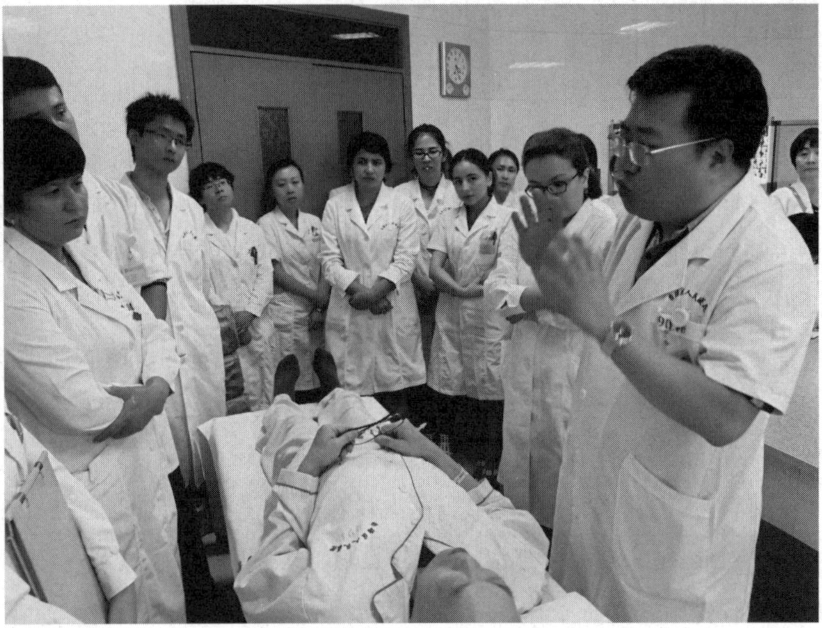

徐广润在新疆维吾尔自治区人民医院讲授经验

听说要在山东大学齐鲁医院神经内科选一名援疆人员，徐广润考虑到自己正年富力强，而且孩子已经大了，有责任去承担这份任务，于是，他主动报名参加援疆工作。徐广润认为，这是自己利用专业知识报效祖国的一次机会。科里的同事们称赞他“思想有境界，肩上有担当”。

儿行千里母担忧。徐广润已经90多岁高龄的母亲，时刻牵挂着即将远行的儿子。而母亲的身体是否安康，也是徐广润援疆时最大的牵挂。老吾老以及人之老，徐广润由自己的母亲想到了远在千里之外的新疆也有许多像母亲一样的老人需要给予医疗关怀，这更坚定了他去援疆的决心。

平时，徐广润和儿子之间感情深厚。临行前，徐广润感觉到比自己个头还高一点儿的儿子在自己的肩膀上轻轻拍了两下。儿子的这一举动，仿佛在说：“爸爸，你安心去工作吧，不用为我担心。”徐广润看到儿子这么懂事，就像吃了定心丸，信心满满地踏上了援疆的征程。

肩上有担当

入疆后，由于年长且经验丰富，徐广润被任命为新疆维吾尔自治区人民医院神经内科副主任，同时任所在援疆医疗团队队长。对此，徐广润看到的不是“头衔”，而是沉甸甸的“责任”。

医术援疆除危困

徐广润在疆期间，传经验、走基层，利用自己所学，发挥专业特长，为当地医疗工作者送知识、送技术，为当地百姓送服务、送健康。

初到新疆，他感慨万千：“新疆地大物博，人美、物美、山美。新疆的美，让人流连忘返。”但新疆恶劣的气候与大自然的美丽又形成了鲜明的对比。“蝉鸣空桑林，八月萧关道。出塞入塞寒，处处黄芦草。”“秦中花鸟已应阑，塞外风沙犹自寒。”古代诗人眼中的新疆又是那么萧条、凄凉。而今新疆虽较往昔大有改观，但环境依旧较艰苦，一些遗传病、免疫性疾病、感染性疾病的病例比较多，结核病、布氏杆菌病的发病率都远远高于内地，当地的诊断、治疗方法较内地也有一定的差距。徐广润等援疆医疗专家们的到来，为当地带来了先进的医疗技术和方法，让当地百姓能够面对面接受来自全国各地优秀医疗专家的诊疗。

新疆维吾尔自治区人民医院神经内科综合业务处于全疆一流水平，但学科建设是其发展的瓶颈问题。徐广润充分发挥专业特长，通过讲座、专业会议、教学查房等形式，把新的理念引进来，将内地神经内科方面领先的诊疗技术和方法（包括脑血管病、自身免疫性疾病、感染性疾病、遗传性疾病的诊断、流程、新的思路等）传授给当地医生，同时还积极参加神经内科及全院疑难病例的讨论和会诊，以加强该院神经内科的学科建设，提高神经内科整体的业务水平。

徐广润认识到只有不断提高青年医生的诊疗水平，才能提高医院神经内科整体的医疗业务水平，于是采取教学查房等方式，对青年医生进行教学指导。2017 年 8 月 29 日，徐广润充分发挥自己的专业特长，在新疆维吾尔自治区人民医院为 20 余名带教老师和规培学员示范了标准化教学的查房。通过对一名急性脑梗死患者的问诊、检查、分析和讨论，完整、系统地讲授了教学查房的重要性、关键步骤和注意事项等，帮助带教老师和规培学员们提高业务水平。为加强临床医生之间的经验交流，2018 年 1 月 25 日，徐广润倡议并组织了新疆维吾尔自治区人民医院神经内科首届青年(住院规培)医师优秀病例报告会。广大青年医师积极参与，来自全疆神经内科领域的著名专家对评出的优秀病例报告进行了点评，并提出了意见建议。该活动受到全疆神经病学界的高度关注和好评。

除了在自治区人民医院坐诊治疗外，徐广润还走下去，走到基层、走到民间，多次到南疆和田地区皮山县医院进行义诊，耐心地帮助当地百姓诊断疑难杂症；到新疆维吾尔自治区乌鲁木齐市高级中学为 30 多位教育工作者及其家属进行义诊，提供医疗保健咨询服务；利用周末时间走访乌鲁木齐新建区人民医院和水西沟哈萨克特色乡镇卫生院，并初步达成培养基层医务人员的援助意向和共识。

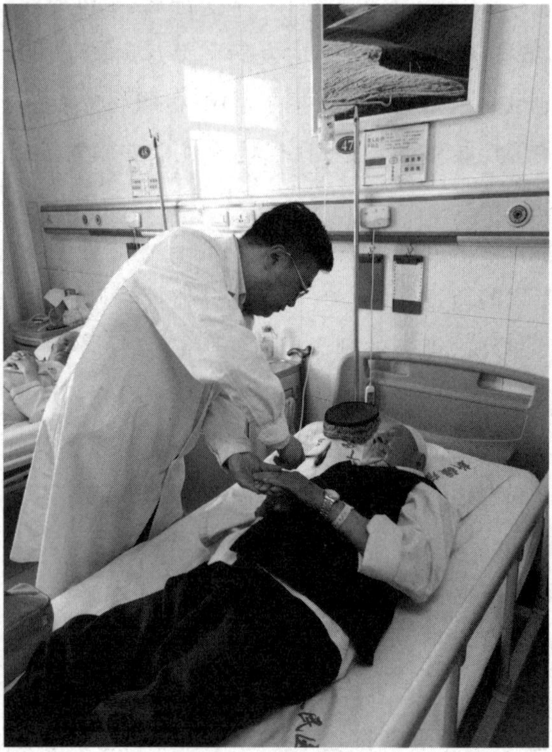

徐广润诊治新疆维吾尔族患者

受饮食习惯等影响，新疆地区糖尿病、高血压等脑血管病患者较多。徐广润就利用治疗脑血管疾病、神经免疫疾病和焦虑抑郁等情感障碍疾病的专长，为当地患者诊断了很多疑难杂症，同时结合自己的临床实践经验与当地医生交流治疗方法。他还受邀到新疆广播电台《新疆名医堂》栏目组录制了以“高血压与脑卒中的防控”为主题的科普采访节目，对高血压病相关科学知识进行普及教育，让当地百姓了解了高血压病的危害及其预防知识。

在“聚焦总目标，大干五十天；确保三不出，喜迎十九大”期间，徐广润放弃了中秋佳节与家人团聚的机会，坚守岗位，认真工作，用实际行动迎接党的十九大的召开。在党的十九大胜利召开之际，他积极收听收看习近平总书记所做的报告，深刻领会新时代中国特色社会主义思想和基本方略，并代表自治区卫计委援疆专家接受了新疆电视台的专访。新疆其他媒体也纷纷报道了徐广润等专家们的援疆事迹。徐广润曾接受新疆人民广播电台《名医援疆路》节目组采访，讲述了援疆医生的大爱真情。

架起桥梁同进步

作为援疆干部，就要当好援疆人，办好援疆事。援疆期间，徐广润为山东大学齐鲁医院和新疆维吾尔自治区人民医院，以及两个医院神经内科之间，构建了一个学术交流和业务往来的交流平台，以达到共同提高、共同进步的目的。

为真正做好交流、交往、交融，2017 年 10 月 26 至 29 日，在山东大学齐鲁医院青岛院区副院长焉传祝邀请下，徐广润陪同自治区人民医院神经内科李红燕主任、莫合塔尔副主任等四人到青岛参加了第三届山东省神经内科主任论坛以及齐鲁神经系统疑难罕见病论坛，参观了山东大学齐鲁医院(青岛)院区神经内科病房、门诊特检室和实验室。双方进行了业务、学术交流，初步商谈了长期合作的意向。徐广润等医疗专家还通过远程会诊方式与全疆各基层医疗单位联系，解决疑难病例；开展巡回医疗工作，培训基层医务人员；以讲座、学术会议等形式与当地医生进行交流，不断提高各级医生的诊疗水平，使当地百姓真正受益。下一步，徐广润准备充分发挥山东大学齐鲁医院神经科专家的作用，通过远程会诊，解决新疆当地的一些疑难病例。

“我觉得徐主任鲁疆合作做得非常成功。他好像在山东和新疆之间搭起了一座桥梁。他介绍的病号,有的专门从新疆赶到山东大学齐鲁医院来看神经肌肉疾病。山东举办学术会议,徐主任也会带着新疆的医务人员过来学习交流,有时候新疆的学术会议也会邀请我们去参加。"这就是山东大学齐鲁医院青年医生王勤周眼中的徐广润。

"这次援疆是我人生中的一个转折点。"徐广润表示,这次援疆收获的是两院医务工作者之间心与心的交融、医术的交流,以及当地百姓康复后脸上绽放的美丽笑颜。今后,他将致力于加强两地医疗技术的交流,利用网络连线等方式推进疑难病例商讨制度的建立,并通过组织学术交流会议等活动,将两院、两科室的交流活动一直持续下去。

结对结亲助安宁

内地和新疆,生活、环境都存在差异。援疆 9 个月多以来,徐广润水土不服,皮肤上起了大片的疹子。蚊虫叮咬、存在时差、睡眠不良、饮食油腻等,虽然困扰着徐广润,但徐广润说:"不管怎样,既然选择了援疆,便是选择了维护边疆和谐稳定的神圣职责。在援疆工作中,我要实实在在做一些事情,干一些工作。"

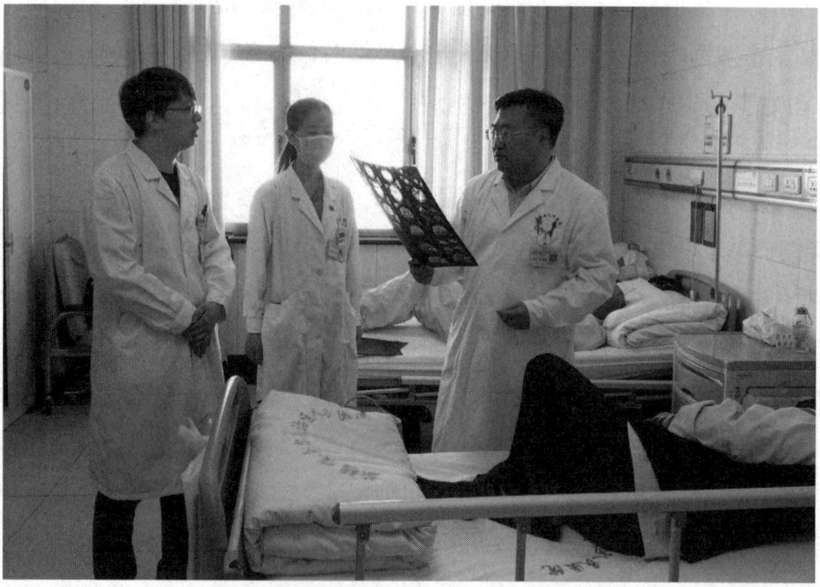

徐广润与同事讨论病情

为让民族团结之花常开长盛，徐广润积极投身到“民族团结一家亲”的活动中。刚到新疆不久，徐广润就于2017年9月19至21日、12月26至28日，两次乘坐24小时的火车前往和田地区皮山县阔什塔格乡加依纳古特村看望与自己结对的维吾尔族“亲戚”，并为他们提供力所能及的帮助。他说：“在南疆我们都有自己的维吾尔族‘亲戚’，要定期去看望他们。民族团结一家亲，就像内地的一对一帮扶，大家是一家人，心往一处想，劲往一处使。我们还把党的政策带下去执行，把党的十九大精神带下去宣传。去年我们一次只是下去三天，与他们谈谈心，看望一下。从今年开始，我们要和自己的‘亲戚’同吃、同住、同劳动、同学习，在‘亲戚’家要住五天，要过一个‘结亲周’呢！在‘亲戚’家，我们不只是在思想上帮助他们，还要给‘亲戚’看病，解决他们遇到的实际问题。”

虽然是技术援疆，但稳定是基础，只有在稳定基础上，才能谈发展。通过“民族团结一家亲”活动，徐广润与当地村民融洽了关系，增进了情谊，“结亲”也让当地百姓真正感受到祖国大家庭的温暖。援疆期间，徐广润与许多少数民族朋友结下了深厚友谊。其中，既有人民医院神经内科的医生，也有人民医院的病人。徐广润说：“在新疆虽然辛苦，心想哪怕能为新疆安宁做出一点贡献，我也甘之若饴。”

正所谓“投之以李，报之以桃”。当地少数民族百姓也真正把徐广润等援疆医疗专家当亲人，邀请专家们参加他们的古尔邦节、哈萨克成人礼、婚礼等，让他们领略新疆的风土人情，感受异域文化。

一段援疆路，一生援疆情。援疆期间，徐广润全力以赴投入工作，求真务实，大力弘扬“舍家报国、忠诚担当、团结奉献、创新奋进”的援疆精神，走基层、结亲戚、传知识、重交流、带学生，让新疆人民真切感受到来自内地的温暖，享有与内地同样的医疗服务，与内地人民共享一片蓝天。

日常有原则

援疆之外，日常工作中，徐广润同样是一名好医生、好学者、好教师。

“神经科非常有意思，诊断病情需要拨开层层迷雾，一切就像‘破案’一样；神经科还需要具有抽象思维的能力，神经核团、传导通路等名词都是要结合临床实践，通过抽象思维来想象的。”当初，徐广润因为这个原因选择了神经科。在自己心仪的科室中工作，徐广润非常用心、尽力。

《孟子·离娄下》中有这样一句话：“爱人者，人恒爱之；敬人者，人恒敬之。”在医院，徐广润与病人亲如一家，对病房里年龄大一点的女病号，他常常尊称为“大姨”，经常叮嘱科里的护士们要对他的“大姨”格外“照顾”一下。科里的人都说，徐主任的“大姨”和“姨夫”怎么这么多呀，后来才知道，原来这些都是他的病人。

临床医生看到的是病人的表象，要想深究病理，则必须进行科学研究。“做科研就要创新思维，就是你能想到多少，就大胆地去做，不要害怕出错。”徐广润研究生阶段的导师曾这样潜移默化地在科研道路上引导着他。徐广润说：“在同济读书的时候，老师从来不说你做不出来或者你做错了，他强调的是‘你做了吗’‘你独立思考和讨论了吗’。”徐广润现在也这样引导学生做课题，并要求他们用开放性的思维去做课题研究。他认为，对神经科来说，主要是培养学生临床的辩证思维能力。

“我对教学比较感兴趣，是因为学生的赞赏不亚于病人的赞赏。”徐广润坦然表达出自己对教学工作的喜爱。他认为，悉心施教，托起的是医学的未来。他教育学生，“视、触、叩、听”的问诊模式传承的是经验，医脉由此相传，一定要好好掌握；对待病人，要从病人的症状、体征入手，看病要有自己的思路。

徐广润在指导学生

徐广润指导学生情商要高，作为医生要做到“以人为本，以病人为中心”。对待病人不只是礼节上的、道义上的关爱，要学会人文关怀，学会与病患沟通，要真心实意地关心病人，这样做，病人才能配合你，才有利于对病人病情的诊断和治疗。

知识要常更常新。一改以往灌输式的教学，徐广润通过 PBL 教学(Problem based learning)、慕课等多种方式向医学生们传授新知识。PBL 教学方法采用启发式、病例式方法循循善诱地开展教学，以病例为主，用临床实例，逐步引导学生去讨论、去探索、去辩证地判断事物，并应用于临床。他们的 PBL 教学方法获得了省级教学二等奖。近年来，徐广润连续 5 年被评为“山东大学齐鲁医院优秀教师”，2016 年被评为“山东大学优秀教师宣传典型”，2017 年获得“山东大学齐鲁医学院齐鲁医学优秀教师”的称号。

在学生的心目中，徐广润亦师亦友。山东大学齐鲁医院的研究生文江山说：“徐教授特别严谨，对学生特别亲切，教学中又非常严厉、严肃。在科研方面，徐教授特别善于钻研，他总是第一时间掌握国内外最新的研究成果，然后督促我们去学，为我们做研究提出指导性建议。即使在援疆期间，他对我们的指导依然很及时。他经常把一些最新的研究成果通过微信发给我，并指导我学习，就像他随时都在身边一样。”

（作者：王莉莉）

病理科主任高鹏

坚守病理金标准，显微镜下寻新生

在医院，有一个特殊的群体，有人说他们是“医生的医生”，有人说他们是“生命的法官”，他们很少与患者直接接触，却透过显微镜从一张张切片中感叹生死挣扎、喜怒哀乐，他们深知每个病理诊断都会成为患者生命的转折点，他们就是病理医生。

“我签下的不仅仅是我的名字，更是一位病理医生的责任。”高鹏——现山东大学齐鲁医院病理科的“帅印”执掌者，与病理切片打交道近三十年，出具了万余份病理诊断报告，强调最多的便是“责任”，在他心目中责任高于一切。

病理诊断被喻为疾病诊断的“金标准”，高鹏用坚守与奉献诠释着自己显微镜下的人生。

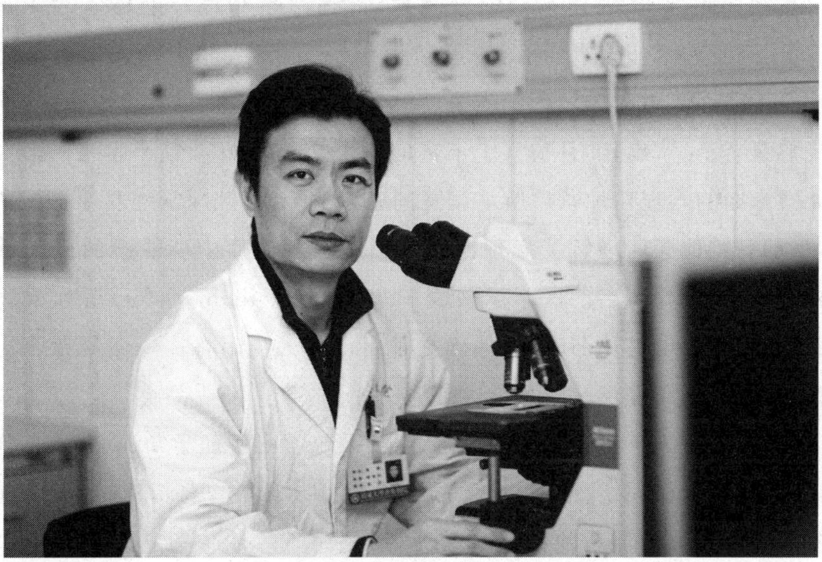

高鹏在看病理切片

以坚守“金标准”立志

早上8点，山东大学齐鲁医院病理科主任高鹏与往常一样，准时出现在齐鲁医院妇儿楼四楼的病理科，开始一天的工作。一台显微镜、一台电脑，这个“微观世界”就是高鹏倾注多年心血的地方。

与每天面对患者的临床医生不同，病理科医师每天通过显微镜观察切片上一个又一个组织细胞，诊断一个又一个待确诊病例，帮助医生为患者提供最及时有效的治疗方案。我国呼吸科专家钟南山院士就曾表示：“病理水平的高低是衡量一个国家和医院医疗质量的标志。”

“出现了哪一种病变，是炎症还是肿瘤，肿瘤是良性的还是恶性的，是早期还是中晚期。病理诊断报告所提供的信息是对疾病的最终诊断，直接影响着临床医师对疾病治疗方案的选择与制定以及预后的判断。”高鹏介绍道，在“三甲”医院病理科评审标准上，病理诊断允许不高于1%的误诊率，但是1%的误诊对个体而言就是100%的伤害，其后果是患者难以接受的。

正因如此，从收到标本到取材制片，再到诊断的每一个环节，“一丝不苟”成了高鹏的工作作风，而且一坚持就是二十余年。“山东大学病理学科始建于1925年，由我国病理学先驱、著名的病理学家侯宝璋教授创建，不仅历史悠久、专家辈出，而且积累了丰富的病理文化底蕴。当了解到一张张只有4微米厚的病理切片背后所承载着的患者故事，我被深深地震撼了。”高鹏说，从那一刻他深切理解了病理诊断在临床疾病诊疗中所扮演的极其重要的角色，正如世界著名的医学家威廉·奥斯勒（William Osler）所称，“病理为医学之本”。也是从那时起，他确立了自己的人生目标——做最专业的病理医生，以为临床提供诊断“金标准”为己任。

高鹏在1995年考取了病理学研究生，系统学习病理学知识，进入齐鲁医院病理科后，取材固定、脱水包埋、石蜡切片、冰冻切片、看切片、签发病理诊断报告……每一个环节他都认真学习，反复思考。他一边熟悉病理工作流程，一边仔细研读每一份存档的病理诊断报告，同时翻阅大量的病理学专业书籍，丰富自身的病理知识储备。

回忆最初在病理科学习成长的时光，高鹏神采飞扬地说：“显微镜下的世界真奇妙！”他越来越专注于每日的显微镜下阅片，书写病理形态学描述，参与术中快速切片诊断，并沉浸在病理诊断的“显微世界”里。如今，他练就了一双捕捉疾病的“火眼金睛”，为诸多患者拨开复杂疑难诊断的迷雾。

立志成为一名杰出的病理医生之后，高鹏在这个岗位上一干就是二十多年。他本人也成长为泰山学者特聘专家、教育部新世纪优秀人才、中国杰出青年病理医生（首届）、山东大学杰出中青年学者（第一层次）……“干一行、爱一行、专一行”是他最真实的写照。

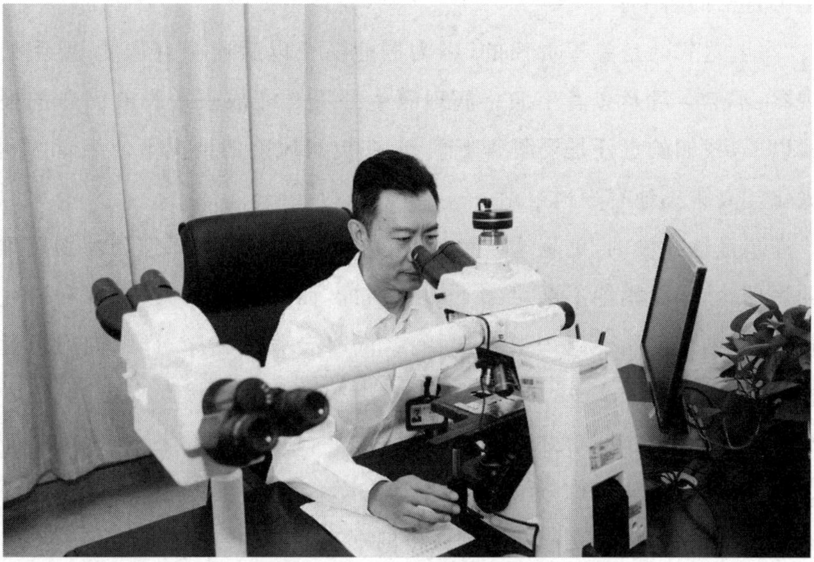

高鹏在做实验

以守护患者健康为己任

一组科里年轻医师拿不准的病理被送到高鹏手中，仔细看完切片后，高鹏拨通了送检科室医生的电话，详细询问了该患者的病史，不时提出自己的疑问。“在国内，针对女性不孕症治疗过程中，服用的药物因为含有雌激素类成分，易导致子宫内膜癌发生。”高鹏表示，按照标准诊断，他们只需标注子宫内膜癌就可以了，临床医生看到这个结论的标准做法就是子宫切除，再进行淋巴结清扫。然而，因为长期服用雌激素类药物所导致的子宫内膜癌，如果使用黄体酮类药物治疗，有 40％的病例可以逆转。“这就意味着，同样是子宫内膜癌，但治疗方式完全不一样，结果更是天壤之别。”

据了解，高鹏此前就遇到了很多此类病例，他反复询问病史，发现她们多有长期的不孕症治疗史，该例患者也不例外。因此，反复斟酌后，他在病理报告上清楚地写下了病理结果——子宫内膜癌，并备注“患者有治疗不孕症的服药史，建议服用黄体酮类药物治疗，随后密切随访观察”，最后郑重地签上了自己的名字。

“写上这句话是要担责任的，因为癌症病变以后还会有进展，要密切随访观察，不然会危及患者生命。病理医生并不是完成一个没有问题的报告就可以了，我们的责任是要服务于患者，在控制风险的情况下使患者的利益最大化。”高鹏掷地有声地表示。

高鹏是这样说的，更是这样做的。在实际工作中，每每遇到特别疑难罕见的病理诊断，高鹏绝不会草率下诊断结论，而是反复观察、揣摩和研究病理切片，归纳总结病变组织形态学特点，同时会联系临床、详细询问患者病情，并及时查阅相关文献，尽最大可能发出精准的病理诊断报告，真正做到了“博学之，审问之，明辨之，慎思之，笃行之”。在高鹏看来，病理医生面对的是1000多种疾病名称、近万种病理形态学特征。给患者下最终诊断必须拥有高度的责任心，这是一个病理医生的基本素养。

随着不断学习提高和个人经验的积累，高鹏的病理诊断水平已获得国内同行的广泛认可，尤其在乳腺疾病和消化系统疾病的病理诊断方面，已成为国内知名专家，在完成院内疑难病理诊断工作的同时，高鹏年均完成外院疑难病理会诊3000余例，真正做到了服务山东、辐射全国。目前，作为学科带头人，高鹏所领导的山东大学齐鲁医院病理科是“十一五”山东省重点学科、“十二五”山东省特色重点学科，2010年12月被评为首批国家临床重点专科。

以科研创新谋发展

“病理学并不是只要发病理报告就行了，科研成果对临床有非常重要的指导价值，不做研究，不探索解决前人未曾解决的问题，我们的学科是不可能真正发展的。可以说，临床病理诊断是生存，病理科学研究是发展。”高鹏不时向身边的学生、进修医生阐释他的科研理念。

高鹏近照

要解决前人未曾解决的问题，单靠勇气是远远不够的，还需要有不断学习、不断钻研的刻苦与执着。从接触病理学至今近三十年间，高鹏从没间断过病理研究，他开展了肿瘤多药耐药逆转、肿瘤浸润、转移相关的基因表达及调控研究，对乳腺癌、胃癌等多种肿瘤的浸润、转移机制深入探索，以期揭示疾病发生、发展的内在机制。

高鹏作为山东省医学会病理学会主任委员、中国研究型医院协会病理学分会副主任委员，牵头在山东省成立 8 个病理亚专科学组，其中齐鲁医院病理科 4 位教授担任组长、4 位教授担任副组长。他每年组织举办病理诊断新进展学术交流会近 10 场，个人年均学术报告达 30 余场，为促进山东省整体病理诊断水平提高、推动病理诊断报告的规范化、标准化做出了突出贡献。

很多人羡慕高鹏的论文产出，他作为第一作者、通讯作者在国际期刊SCI发表论文70余篇，其中，影响因子10分以上的6篇，单篇影响因子最高的有30.5分。对此，高鹏解释说，论文体现的是背后实验过程的科学价值，跟踪国际医学前沿，选好课题，制定周密的实验计划，一步步落实，成果体现出创新性，这才是论文写作最重要的要素。而“循序渐进、持续跟踪、逐渐超越”是高鹏对自己的要求，为了一次报告，他总要查遍国内外的所有文献，做到言之有据。如今，高鹏做到了学有专攻、术有所长：他先后主持国家自然科学基金8项，以第一完成人的身份获得山东省医学科技奖、山东省科技进步奖、中华医学奖等多项学术奖励。

“科研工作不仅让我更多地了解到国际前沿科研进展，还帮助我在授课过程中为学生带去最新的知识，对培养人才有更好的引导。”在高鹏眼里，科研的过程并不是孤立、枯燥的，对培养人才同样有很好的引导作用。高鹏主编、副主编病理学教材5部，2019年获评“齐鲁医学优秀教师”，培养的5名博士全都拿到了国家自然科学基金，其中3人的毕业论文获评“山东省优秀博士论文”。

如果说培养病理学人才是高鹏作为一名博士生导师义不容辞的责任，那么作为科室主任，他以身作则，尽自己所能帮助年轻医生成长，则彰显了他为师传道的风范。病理医生的成长需要一个长期的积累、培养过程，为了加快人才培养速度，高鹏做了大量工作，他推动病理亚专科建设，坚持每周一次周会，每周两次科内疑难病例讨论，以邀请国内外学者讲学、交流等方式为医院病理科的人才培养提供更好的平台。自2013年起，齐鲁医院病理科也从大全科病理转向根据个人专长、科研方向、业务学习、高低搭配及临床需求进行亚专业建设，病理科的整体诊断水平上了一个大台阶。

（作者：高丹璎　赵永鑫）

血液科主任彭军

做患者心中的一盏灯

每天夜深，齐鲁医院肿瘤中心9楼办公室的灯依然亮着，血液科主任、博士生导师、山东大学高等医学研究院副院长、“中国好医生”月度人物彭军教授在结束了一天繁忙的门诊、查房后，仍然忙碌着，他专注地读文献、写文章、思考患者治疗方案、批改学生论文……一直到晚上十点，无论周末、节假

日、恶劣天气都雷打不动，年三十、年初一这样的日子里才会给自己“放个假”。这盏灯，日复一日、年复一年地亮着，久而久之，他成为学生们心中的榜样，也用他的仁心医术点亮了患者的心。

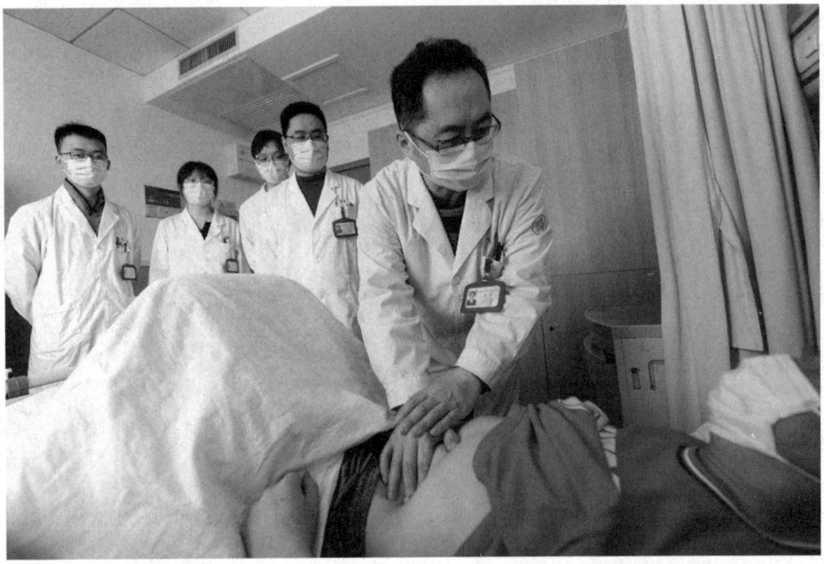

彭军仔细查看患者病情

初心如磐　患者至上甘奉献

医生是一个辛苦的职业，要兼顾临床、科研、教学、管理等多方面的工作内容，彭军教授一如既往地付出、钻研。每天早上，彭军教授都要查房，他会详细查看每位住院病人的情况，再与病人及家属聊聊病情、谈谈生活，缓解他们的焦虑。查完房后，他会与下级医生交流治疗方案，带领病区全体医生进行病例讨论或者最新文献的学习。每周三，彭军教授总会早早地出现在门诊诊室，他总说这样能让患者少等一会儿，能让他们尽快看上病，让他们心里少一分担心。

遇到经济情况不太好的病人时，彭军教授会为他们选择符合实际情况的治疗方案，在保证治疗效果的同时尽量减少一些费用。2014 年，彭军教授接诊了一位慢性血小板减少症患者陈奶奶，当得知检查需要花费近千元时，陈奶奶有些犹豫，可她的老伴却坚定地说，“彭医生，该做的检查我们一定做，该吃的药我也会盯着老婆子按时吃”。彭军教授被打动了，安排了一个跟门诊的学生带着他们去做检查、拿药，并叮嘱，“下次你们再来复诊的时候，别挂号了，我这200元的挂号费能省就省了吧”。彭军教授总是笑呵呵地对待每一位患者，他说，“让患者减少痛苦，恢复健康，能从医院高高兴兴地回家，这不就是我们做医生的初心么”。

血液病患者临床具有病程长、病情重、发展快、难治愈等特点，当患者询问彭军教授联系方式的时候，他总会毫不犹豫地把自己的电话告诉他们。工作之余，面对患者的咨询，他会耐心详细地解答。彭军说，“将心比心，我能理解患者的病痛和着急，能电话解答的，尽可能让他们少跑路，也节约费用”。2022年3月，有一位重型再障患者需要骨髓移植，家属配型不合适，彭军教授更是亲自帮患者联系移植库，积极寻找合适的配型，还一再叮嘱学生有合适的配型第一时间通知患者。这样的事情还有很多，当患者需要看其他医生、要转院的时候，他也常常帮忙联系，面对患者，他总是亲力亲为，急患者所急，想患者所想。

彭军在做科研

信仰如炬　勇于担当善科研

从山东大学齐鲁医学院毕业后，彭军教授来到齐鲁医院血液科从事医疗工作，“对我来说，人的生命是有限的，能利用有限的时间在自己研究的领域里努力探索并解决一些问题，是最开心和最有意义的事情”。彭军教授现任中国病理生理学会实验血液学专业委员会副主任委员、山东省医学会血液病学分会副主任委员等，并担任《美国血液学杂志》(*American Journal of Hematology*)、《血栓杂志》(*Thrombosis Journal*)、《血栓研究》(*Thrombosis Research*)、《中华血液学杂志》的编委。所获荣誉有：2010 年山东省科学技术奖自然科学奖二等奖，2011 年国家杰出青年科学基金，2015 年获聘国家级高层次人才，2018 年、2019 年山东省“优秀博士学位论文指导教师”称号，2019 年教育部高等学校科学研究优秀成果奖的科学技术进步奖一等奖等。

近年来，彭军教授潜心于原发免疫性血小板减少症(ITP)、再生障碍性贫血、白血病等常见血液病的诊治。主攻 ITP 的细胞及分子免疫学研究，从多个角度研究了 ITP 的免疫失耐受和耐受重建机制，为患者恢复免疫耐受提供了新思路，并将科研成果应用于临床，通过揭示 ITP 发病新机制，实现了分层治疗，取得了良好的治疗效果。项目组历时 13 年，在国家自然科学基金项目支持下，研究发病机制，聚焦临床，在 ITP 诊疗方面取得重大成果，项目组建立的 ITP 发病机制的系列判定试验于国内 26 家医疗机构推广，应用 ITP 患者超过 6000 位，针对导致血小板减少的具体机制，进行定向免疫干预，长期有效率达到 90%以上。

朝乾夕惕，功不唐捐。彭军教授发表了 SCI 收录论文 50 余篇，其中以通讯作者或共同通讯作者身份在国际血液领域最顶尖的杂志 *Blood* 发表论文 14 篇，先后主持国家自然科学基金委重点项目、重大研究计划集成项目、重点支持项目、科技部 973 项目子课题、教育部科学技术研究重点项目等 10 余项国家级课题，参与制定 2016、2018、2020 版《成人原发免疫性血小板减少症诊断与治疗中国专家共识/指南》。作为造血干细胞亚专业带头人，彭军教授表示下一步将继续做好学科建设，人才培养，引领专业发展。

彭军与学生们合影

坚守如歌　丹心不改勤治学

在努力提升自我，潜心科研的同时，彭军教授也坚持一线授课，为山东大学齐鲁医学院本科生、研究生和留学生讲授理论课并承担带教实习和见习，现已培养硕博士研究生共39人，被评为“山东省及山东大学优秀研究生指导教师”“山东大学爱岗敬业十大模范人物”，指导两位博士研究生的博士论文被评为山东省优秀博士学位论文。同时彭军教授也十分关心青年医师的发展，提出了“关于完善新入职学术型博士青年医师规范化培训期间人才发展”规划的提案，助力青年医师成长晋升，提升了他们的工作热情。提案提交后，在各级领导的大力支持下，已在医院实施，该提案也在山东省“新时代、新动能、新作为优秀职工代表提案”评选活动中获得二等奖。

“做彭老师的学生，是一件非常幸福的事情。”齐鲁医学院2019级博士生刘强表示，彭军老师对患者认真耐心，无私付出，有的患者找他看病，诊断后发现病情不在他的专业范围内，都会将挂号费退掉；他也很关心学生们，经常和大家交流，节日的时候请大家吃爱吃的美食。彭军老师的勤奋、对患者的无微不至、对学术的扎实,深深影响了学生们。

早出晚归,辛勤耕耘,彭军教授带领血液科不断开拓创新发展。齐鲁医院血液科是国家临床重点专科、医院重点科室,是国内较早批准的博士点和博士后流动站,也是山东省科技领军人才创新工作室。在“复旦大学2020年度中国医院专科声誉及专科综合排行榜”中,血液科均位列第9名。让人欣喜的是,在团队中,彭军教授所从事的原发免疫性血小板减少症的免疫发病机制和免疫耐受研究领域,研究成果在国际上名列前茅。

彭军教授将继续把自己的精力集中在熟悉的医疗、科研和教学领域,不忘做医生的初心,致力于钻研临床难题、推动学科发展、培养青年人才,勤勤恳恳,敬业奉献,为减轻患者病痛,护佑人民健康,为建设“健康中国”贡献力量。

(作者:高丹璎)

耳鼻咽喉科主任雷大鹏

精进笃行不息，患者重获新“声”

清晨 6 点 50 分，踏着微曦的晨光，雷大鹏已经来到齐鲁医院耳鼻咽喉科病房开始了一天的临床工作。自参加工作以来，雷大鹏一直保持着七点前到岗的习惯。从医 27 年，他始终把勤勉敬业、精益求精牢记心头，以严谨踏

实、守职尽责的精神激励着身边的同事、学生，也感动着每一位患者和家属。

齐鲁医院耳鼻咽喉科医生办公室内悬挂着两位科室前辈的照片：一位是科室创始人、中国耳鼻咽喉科学事业的开创者和奠基人之一孙鸿泉教授，另一位是现代耳鼻咽喉头颈外科学的重要奠基人和开创者王天铎教授。齐鲁医院耳鼻咽喉科主任、国家卫健委耳鼻喉科学重点实验室副主任、“齐鲁卫生与健康领军人才”雷大鹏教授介绍：“山东大学齐鲁医院耳鼻咽喉科始建于1924年，孙鸿泉教授开展了国内第一例全喉切除术，王天铎教授最早在国内倡导喉功能保留的喉癌、下咽癌手术治疗，杨仁忠教授研发了我国第一例‘人工喉’……历经近一个世纪的峥嵘岁月，科室始终走在国内前列，这一切都与科室近百年来的积淀息息相关。”

雷大鹏召开科室会议

作为山东大学齐鲁医院耳鼻咽喉科新时代的掌舵人，雷大鹏表示，“是医院‘医道从德，术业求精’的院训不断鞭策着我，是耳鼻咽喉科百年传承的优良传统培养了我。继往开来、守正创新，是科室传承百年的优秀基因，也是我们义不容辞的担当和使命”。

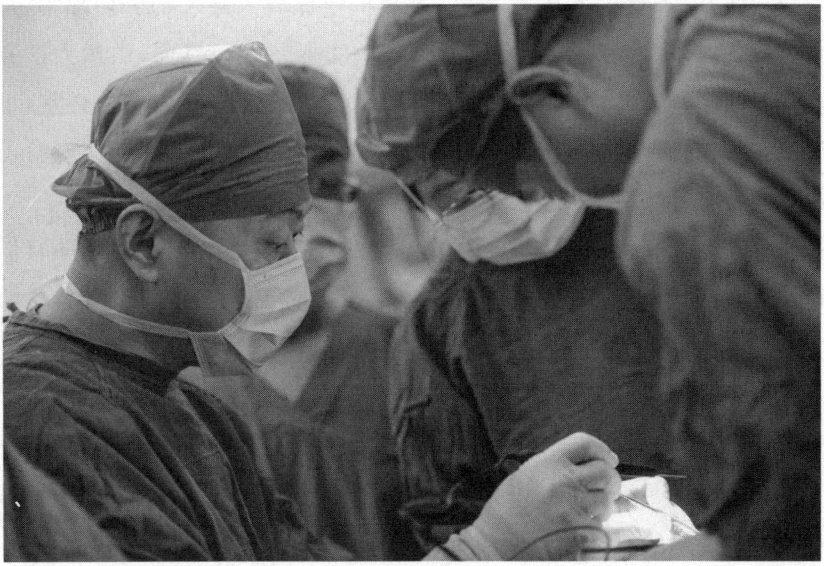

雷大鹏在手术中

“术业求精”担使命，锐意创新济众生

1990年，17岁的雷大鹏考入山东医科大学（现山东大学齐鲁医学院）。硕士、博士研究生时期，他师从我国著名头颈外科专家栾信庸教授，从事头颈肿瘤基础与临床研究。毕业后，他延续了自己所学的专业，留在山东大学齐鲁医院工作并逐步成长为国内知名的头颈外科医生。

“喉癌、下咽癌患者往往就诊较晚，导致喉功能无法保留，术后丧失了语言能力。喉功能保留一直是头颈外科领域的难点，而我们科在保留喉功能的喉癌和下咽癌的外科治疗方面，始终保持着国内领先水平，部分达到了国际先进水平。”雷大鹏擅长保留喉功能的喉癌和下咽癌以及晚期甲状腺癌的手术治疗，年平均收治省内外患者近1500人次，其中高难度的三四级手术占比为86%，手术量及三四级手术占比均领先全省。此外，他秉承“术业求精”的治学态度，不断聚焦喉功能保留关键技术的研发。作为主要参与者，他与潘新良教授创新性研发并在国内推广了“声门旁间隙入路下咽癌切除术”

“水平半喉切除舌瓣喉成形术”“喉室及声门下联合入路喉部分切除术”等新术式，显著提升了喉癌、下咽癌患者的喉功能保留率。目前，山东大学齐鲁医院耳鼻咽喉科已成为国内咽喉恶性肿瘤喉功能保留率最高的科室，每年吸引了大批来自全国各地的进修医师，雷大鹏总是毫无保留地分享自己的临床经验，期望能使更多喉癌、下咽癌患者重获新“声”。

作为国内知名头颈外科专家，雷大鹏的技术水平不仅获得了同行们的高度认可，也吸引了许多全国各地疑难危重患者前来就诊。来自新疆的陈先生就是其中一员。陈先生因罹患喉癌，当地医院建议行全喉切除术。怀着对保留发音功能的强烈渴望，他们一家远赴济南找到了雷大鹏。经过反复斟酌，雷大鹏为其制定了详细的手术方案，并成功保住了他的发音功能。陈先生对此感激不已。雷大鹏说：“能让患者健康地生活在有声世界，是我们头颈外科医生最幸福和骄傲的事。”

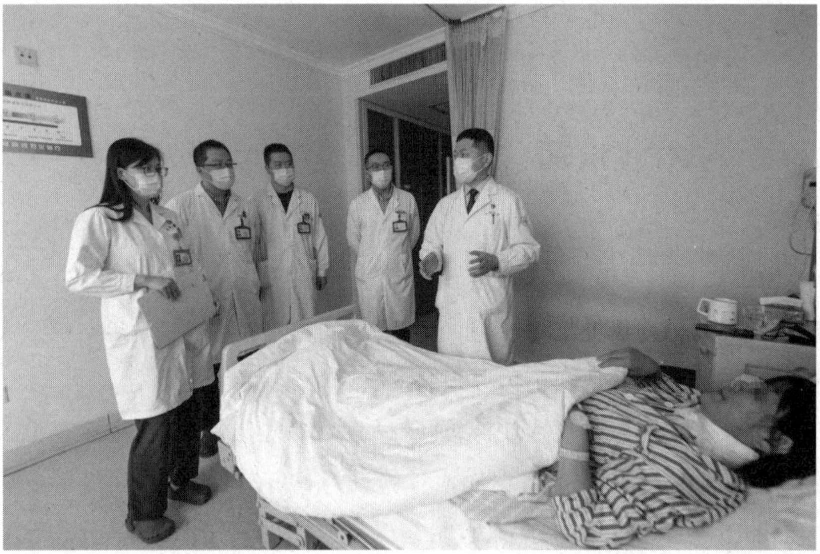

雷大鹏带领团队查房

雷大鹏每年开展甲状腺癌手术400余例，其中相当一部分患者为年轻女性。针对患者的美容需求，雷大鹏在省内较早开展并推广了颈部无瘢痕的“腔镜辅助下腋窝入路甲状腺癌根治术”，取得了良好的美容效果和社会影响力。此外，他还在省内率先开展了“显微喉镜下 CO_2 激光手术切除早期喉癌及癌前病变”“电子喉镜窄带成像技术”等先进技术。作为山东省医学会耳鼻咽喉头颈外科学分会候任主委，雷大鹏身体力行推动了山东省耳鼻咽喉头颈外科学事业的快速高质量发展。

医道从德秉正气，守职尽责暖人心

雷大鹏几十年如一日，每天七点前到达病房，风雨无阻。他说：“提前到岗可以让我有更多时间去梳理、思考患者的手术方案，给予患者更合理的治疗和康复指导，还可以让每天繁忙的临床工作安排得更加从容。”七点半，雷大鹏准时带领团队进行早查房。不论病情轻重，他总是耐心仔细询问患者的病情，并设身处地为患者着想，为患者选择最合适的治疗方案。他还善于疏导、缓解患者的紧张情绪，许多患者都会满怀感激地说雷大鹏“很温暖”。遇到病情复杂的患者，雷大鹏常常亲自指导住院医师进行查体、换药，这样既有利于患者的顺利康复，也促进了年轻医师的成长。

2022 年春节前，一面书有“博学济世仁心仁术，医德双馨生命至上”的锦旗和一封写满 4 页信纸的亲笔感谢信被送到了山东大学齐鲁医院耳鼻咽喉科。这是一份来自 80 岁上海老人的感恩答谢，也是对齐鲁医院耳鼻咽喉科的致敬祝福。

这位老人姓陶，去年 4 月来到医院耳鼻咽喉科门诊，找到雷大鹏，经诊断为扁桃体癌，综合考虑后决定进行切除手术。由于医院床位有限，等了 20 多天后，陶老向科室求助，雷大鹏综合考虑了老人的情况，果断与院有关部门联系，第一时间安排老人住进了病房并亲自为其进行了手术，手术过程十分顺利。出院后，老人进行了多次放疗，“至今已有 8 个月多，目前状况良好”，老人在信中说，在他住院的 15 天中，深切感受到了雷大鹏率领的医疗团队是一个“以人为本、管理严格、制度创新、医术精湛的责任科室”。

春去秋来，寒来暑往，雷大鹏以数十载勤勉严谨的责任意识、仁爱慈善的工作态度和精湛的医术，赢得了一批又一批慕名而来的患者的信任。

耳鼻咽喉科党支部合影

党建引领促发展，精耕细作铸品牌

自2013年至今，雷大鹏一直担任着耳鼻咽喉科党支部书记。工作中，他深谙党建工作的重要性，严格开展主题党日、“两学一做”、思想政治学习等党建工作，并以义诊、科普宣传等活动为载体，充实党建内容，党建工作卓有成效。支部上下团结一致、凝心聚力，形成了自律廉洁、爱党爱国、甘于奉献的良好风气。2020年武汉暴发疫情以来，耳鼻咽喉科党支部心系疫区，纷纷请战，科室有三位同志加入援鄂医疗队，彰显了耳鼻咽喉科党支部在特殊时期的战斗堡垒作用。他所带领的耳鼻咽喉科党支部先后荣获“山东大学优秀党支部”“山东大学齐鲁医院先进基层党组织”等荣誉称号。

2021年，耳鼻咽喉科党支部获批为山东大学“双带头人”支部书记工作室创建单位，雷大鹏以此为契机，在党建引领促进学科发展方面做了大量工作，通过建章立制持续推进科室的精细化管理。在科室管理方面，雷大鹏通过常态化召开科务会解决学科发展的痛点和难点问题，顺应学科发展趋势进一步细化了学科亚专业分类，建设了合理的人才梯队，全面推动各亚专业向“高、精、尖”迈进。通过优化病种收治管理机制、推行加速康复外科等多项举措，耳鼻咽喉科病历组合指数(CMI)不断升高，平均住院日有效缩短，展示了本学科在解决疑难危重病例方面的优势和能力。

近年来，山东大学齐鲁医院耳鼻咽喉科收治省内外患者的数量逐年增长，在群众中获得了良好的口碑及满意度。作为国家卫健委耳鼻喉科学重点实验室副主任，雷大鹏协助实验室主任对实验室的人力资源、科研资源进行了整体规划与布局，主导了实验室硬件条件改善，并建立了 PI 管理制度，大大促进了科研产出及临床转化。该学科在复旦大学专科声誉排行榜及中国医学院校科技值(STEM)排名中始终处于国内前列，在学术界塑造了良好的品牌形象。

经过几代学者的不懈努力，耳鼻咽喉科形成了独具特色的文化氛围，一直秉持严谨踏实的治学风格、薪火相传的传承意识以及守正创新的学术精神。在即将迎来科室发展新的百年之际，作为科室负责人，雷大鹏倍感荣幸，也深感责任重大。他表示：“我们站在前辈们的肩膀上，有信心、有能力、有热情、有决心投身学科建设，行稳致远，进而有为，为我国耳鼻咽喉头颈外科事业发展做出应有的贡献！为实现‘健康中国’伟大战略而不懈奋斗！”

（作者：刘艳　谢静）